MARTHA GABRIEL

INTELIGÊNCIA ARTIFICIAL
DO ZERO A SUPERPODERES

O GEN | Grupo Editorial Nacional – maior plataforma editorial brasileira no segmento científico, técnico e profissional – publica conteúdos nas áreas de ciências sociais aplicadas, exatas, humanas, jurídicas e da saúde, além de prover serviços direcionados à educação continuada e à preparação para concursos.

As editoras que integram o GEN, das mais respeitadas no mercado editorial, construíram catálogos inigualáveis, com obras decisivas para a formação acadêmica e o aperfeiçoamento de várias gerações de profissionais e estudantes, tendo se tornado sinônimo de qualidade e seriedade.

A missão do GEN e dos núcleos de conteúdo que o compõem é prover a melhor informação científica e distribuí-la de maneira flexível e conveniente, a preços justos, gerando benefícios e servindo a autores, docentes, livreiros, funcionários, colaboradores e acionistas.

Nosso comportamento ético incondicional e nossa responsabilidade social e ambiental são reforçados pela natureza educacional de nossa atividade e dão sustentabilidade ao crescimento contínuo e à rentabilidade do grupo.

MARTHA GABRIEL

BEST SELLER
2ª EDIÇÃO

INTELIGÊNCIA ARTIFICIAL
DO ZERO A SUPERPODERES

- A autora deste livro e a editora empenharam seus melhores esforços para assegurar que as informações e os procedimentos apresentados no texto estejam em acordo com os padrões aceitos à época da publicação, *e todos os dados foram atualizados pela autora até a data de fechamento do livro.* Entretanto, tendo em conta a evolução das ciências, as atualizações legislativas, as mudanças regulamentares governamentais e o constante fluxo de novas informações sobre os temas que constam do livro, recomendamos enfaticamente que os leitores consultem sempre outras fontes fidedignas, de modo a se certificarem de que as informações contidas no texto estão corretas e de que não houve alterações nas recomendações ou na legislação regulamentadora.
- Data do fechamento do livro: 18/07/2024
- A autora e a editora se empenharam para citar adequadamente e dar o devido crédito a todos os detentores de direitos autorais de qualquer material utilizado neste livro, dispondo-se a possíveis acertos posteriores caso, inadvertida e involuntariamente, a identificação de algum deles tenha sido omitida.
- **Atendimento ao cliente: (11) 5080-0751 | faleconosco@grupogen.com.br**
- Direitos exclusivos para a língua portuguesa
  Copyright © 2024 by
  Editora Atlas Ltda.
  Uma editora integrante do GEN | Grupo Editorial Nacional
  Travessa do Ouvidor, 11
  Rio de Janeiro – RJ – 20040-040
  www.grupogen.com.br
- Reservados todos os direitos. É proibida a duplicação ou reprodução deste volume, no todo ou em parte, em quaisquer formas ou por quaisquer meios (eletrônico, mecânico, gravação, fotocópia, distribuição pela Internet ou outros), sem permissão, por escrito, da Editora Atlas Ltda.
- Capa: Caio Cardoso
- Editoração eletrônica: Padovan Serviços Gráficos e Editoriais

CIP-BRASIL. CATALOGAÇÃO NA PUBLICAÇÃO
SINDICATO NACIONAL DOS EDITORES DE LIVROS, RJ

G117i
2. ed.

    Gabriel, Martha

        Inteligência artificial : do zero a superpoderes / Martha Gabriel. - 2. ed. - Barueri [SP] : Atlas, 2024.

        Inclui bibliografia e índice
        ISBN 978-65-5977-646-7

        1. Inteligência artificial. I. Título.

24-92688   CDD: 006.3
                      CDU: 004.8

Gabriela Faray Ferreira Lopes - Bibliotecária - CRB-7/6643

Com gratidão, admiração e saudades infinitas para

Roldão,

meu **incentivador, mentor,**
que me mostrou os caminhos fascinantes da **curiosidade** e da **tecnologia**:

por me ensinar o **código Morse**,
fisgando o meu coração para o mundo de aventura dos códigos (quando éramos crianças, ele nos enviava bilhetes divertidos para serem decifrados na caça ao tesouro de balas e chocolates);

por me apresentar o universo maravilhoso da **ficção científica**,
introduzindo na minha vida uma realidade fantástica, quando eu ainda nem lia direito – *O Planeta dos Macacos, A Máquina do Tempo, Viagem ao Centro da Terra, O Túnel do Tempo, Perdidos no Espaço*... O exercício de imaginar e pensar possibilidades científicas tornou-se uma das minhas paixões;

por ler apenas o 1º capítulo de *A Ilha do Tesouro* e depois parar,
plantando a sementinha da curiosidade, e depois me incentivar: "agora, você pode descobrir tudo sozinha, querida... é só continuar lendo" – e assim conquistei o meu primeiro livro, com muito esforço, aos 7 anos de idade: o marco zero da viagem maravilhosa de descobertas que enriquecem a minha existência desde então;

por recitar, exaustivamente, o poema **IF**, de Rudyard Kypling
– um incrível manual de motivação, integridade e resiliência –, que se alojou nas nossas memórias e corações, transformando-se em um eterno conselheiro de vida para mim e meus irmãos – Marcos e Marcelo;

por me apresentar *As Maravilhas da Matemática* – amor à 1ª vista;

por deixar claro que **"gosto" se aprende**, sim,
estudando e experimentando para ampliar repertório e quantidades de possibilidades inusitadas;

por me presentear com um **kit de eletrônica**,
que fez com que uma garota de 11 anos se sentisse a pessoa mais poderosa do mundo por conseguir montar um rádio – a 1ª tecnologia conscientemente dominada a gente jamais esquece;

por me ensinar que **ser mulher** é uma configuração genética, como tantas outras
– e não fator limitante ou determinante para o sucesso de um ser humano;

por me encantar com as **histórias fascinantes** de suas viagens e experiências,
inspirando a busca por uma vida de conhecer, experimentar e saber – acima de possuir, acumular e vencer;

por **vibrar** comigo a cada pequena conquista, por mais minúscula que fosse;
e por **estar comigo** para enfrentar os desafios, por mais maiúsculos que se apresentassem!

por sua **visão** contagiante, **paciência** incansável e **dedicação** constante;
pelo privilégio que tive por 45 anos de chamar você de **pai**!

"Só conseguimos enxergar uma pequena distância à frente, mas podemos ver muito do que precisa ser feito."
Alan Turing

SOBRE A AUTORA

Martha Gabriel é considerada uma das principais pensadoras digitais do Brasil. Autora de *best-sellers* como **Liderando o Futuro**, **Marketing na Era Digital**, **Educação na Era Digital** e **Você, eu e os robôs**. É premiada **palestrante** *keynote* internacional, tendo realizado mais de 90 palestras no exterior, 9 TEDx e milhares de palestras no Brasil, como RD Summit (Brasil, Bogotá e Cidade do México), Ambev, Bradesco, Think Summit IBM, TIM, Vivo, Oi, Gartner DA (São Paulo e Cidade do México), Gartner IT/Xpo Symposium, Informa Markets, Abbott, SAP, Cisco, Google, Lumen, entre outros.

LinkedIn Top Voice e **Top Creator**, apresentadora das séries *Caminhos da inovação* (Desenvolve SP), *SEBRAE Digital* e *Beyond Cards* (Mastercard), listada entre os 50 nomes que brilharam no mercado digital em 2021 (*Revista Locaweb*, dez./2021) e agraciada com a comenda de "Profissional do Ano" em 2019 pela Associação Brasileira de Liderança. É também Embaixadora Global da **Geek Girls Latam** no Brasil, entidade de fomento à educação STEM para garotas que visa ao aumento de equidade.

Professora de **Inteligência Artificial** na pós-graduação da PUC-SP, no TIDD (Tecnologias da Inteligência e *Design* Digital), atuando também como professora convidada em diversas **business schools** no Brasil, como o Insper e a Fundação Dom Cabral. Primeira brasileira a fazer parte do *faculty* internacional da CrossKnowledge, empresa líder em capacitação corporativa *on-line* do mundo.

Futurista pelo Institute for the Future (IFTF, EUA), **engenheira** (Unicamp), pós-graduada em **Marketing** (ESPM-SP) e em **Design** (Belas Artes de SP), mestre e PhD em **Artes** (ECA/USP) e em Educação **Executiva** (MIT, EUA). Eterna aprendiz, eterna **curiosa** ;-)

MARTHA GABRIEL
Martha.com.br
Instagram, LinkedIn & X: @MarthaGabriel

SUMÁRIO

INTRODUÇÃO, 1

PARTE 1
INTELIGÊNCIA ARTIFICIAL: DA FICÇÃO À REALIDADE, 4

1. REVOLUÇÃO, EVOLUÇÃO E DISRUPÇÃO, 7
Disrupção, 11

2. INTELIGÊNCIA ARTIFICIAL: COMEÇO, MEIO E SEM FIM, 15
Começo e meio – da Antiguidade ao século XX, 18
Sem fim: a partir do século XXI, 27

3. DA ACELERAÇÃO DA IA À EXPLOSÃO DA INTELIGÊNCIA, 31
Aceleração da IA, 31
ChatGPT & a democratização da IA, 48

PARTE 2
INTELIGÊNCIA ARTIFICIAL: MENTE, CORPO E ALMA, 50

4. MENTE DE IA – O QUE É INTELIGÊNCIA ARTIFICIAL, 53
Inteligência, 54
Inteligência Artificial, 56
Níveis de IA: estreita, geral e superinteligência, 58
Singularidade tecnológica, 62

5. MENTE DE INTELIGÊNCIA ARTIFICIAL: COMO FUNCIONA, 65
Machine learning, 69
Redes Neurais Artificiais (RNA), 77
Data mining, 80
Deep learning, 81

6. CORPOS DE INTELIGÊNCIA ARTIFICIAL: ROBÓTICA, BIÔNICA E CIBERNÉTICA, 85
Robótica, 87
Mente, corpo e alma, 97

7. ALMA DE INTELIGÊNCIA ARTIFICIAL: SEGURANÇA, MORAL E ÉTICA, 99
Inteligência Artificial robusta e eficiente, 100
Inteligência Artificial explicável, 100
IA ética, moral e legal, 101
Ampliação de riscos digitais, 103
Em busca de soluções, 111

PARTE 3
INTELIGÊNCIA ARTIFICIAL: SUPERPODER, 114

8. O SUPERPODER IA, 117
Evolução Humana + IA: substituição *versus* ampliação, 118
Economia: [Humano + IA], 121
Comunicação sem limites, 121
Futuro do trabalho híbrido [Humano + IA], 123

9. A ASCENSÃO DO ADMIRÁVEL *SMART WORLD*, 129
A evolução da experiência e da consciência, 129
A IA e o metaverso, 130
IA & o Admirável *Smart World*, 133

CONSIDERAÇÕES FINAIS, 135

BIBLIOGRAFIA, 137

ÍNDICE ALFABÉTICO, 147

INTRODUÇÃO

Até recentemente, Inteligência Artificial (IA) era mais assunto de ficção do que fato. No entanto, com os avanços tecnológicos da última década, ela não apenas está se tornando cada vez mais real, como também o **principal condutor das mudanças tecnológicas no planeta**, impondo transformações em uma velocidade nunca antes experimentada pela humanidade!

Assim como aconteceu com o avião no século XX, a IA está migrando do nosso imaginário coletivo para fazer parte do cotidiano. Entretanto, apesar de o avião ter reconfigurado completamente a mobilidade global, permitindo-nos voar e explorar novas altitudes e velocidades, ele apenas nos deu asas artificiais. A **IA**, por sua vez, tende a reconfigurar todos os aspectos da nossa **realidade**, pois tende a reestruturar o mundo a tal ponto que pode nos levar para dimensões jamais imaginadas, em todas as áreas da vida humana. Diferentemente de qualquer outra tecnologia criada no passado, a **IA representa um patamar inédito de ferramentas: as intuitivas**. Devido a isso, o poder competitivo que a utilização de IA traz àqueles que a dominam é sem precedentes em nossa história.

Nesse sentido, a IA tem se tornado um dos principais vetores estratégicos para qualquer país ou instituição, seja qual for o setor de atuação. Como o seu potencial para diferenciação competitiva é gigantesco, a conquista da supremacia em IA tornou-se gatilho para uma nova corrida econômica mundial, liderada por Estados Unidos e China, e que atrai cada vez mais países. Essa explosão evolutiva no campo de IA não traz consigo apenas benefícios, e sim, como no desenvolvimento de qualquer tecnologia, vem acompanhada também de riscos e ameaças. Embora Stan Lee tenha criado a frase **"Com grandes poderes vêm grandes responsabilidades"**, no contexto de ficção, ela não poderia ser mais apropriada para caracterizar a nossa realidade atual. Um dos principais tópicos em voga hoje, em todos os meios – acadêmicos, sociais, institucionais – relacionados à evolução de IA, é moral e ética tecnológica. Isso é fundamental para garantir a **sustentabilidade humana** nesta jornada que inaugura uma nova era de simbiose homem-máquina: a cognitiva.

Considerando essa imensidão de aspectos que abrangem a IA, fica claro que ela é um campo extenso e extremamente complexo, que envolve inúmeras (se não todas as) áreas do conhecimento humano e que, portanto, jamais caberia em um único livro. Assim, entre as diversas abordagens possíveis relacionadas à IA, é importante salientar que o nosso foco aqui é entender como essa tecnologia funciona, como pode ser (e está sendo) usada e como tende a evoluir – não é nosso intuito aqui ensinar a desenvolver tecnologias de IA (assunto tema de outras obras disponíveis nas áreas de ciências da computação).

Dessa forma, **neste livro você entenderá o que é IA e o seu potencial, transformando definitivamente a sua visão e a sua forma de atuar no mundo**. Ao longo dos capítulos, além da IA, você entrará em contato com as principais tecnologias reestruturantes do planeta e compreenderá como elas impactam o mundo e se inter-relacionam.

Conceitos importantes relacionados à IA – como *Machine Learning, Data Mining, Deep Learning, Blockchain,* Computação Quântica, *Redes Neurais, Edge Computing,* Robótica, Singularidade Tecnológica, entre outros – são abordados e discutidos com linguagem simples, estudos e casos atuais, para que, ao final, você tenha: (1) a fundamentação teórica necessária para compreender o que está acontecendo na área mais avançada e poderosa do planeta, saber onde estamos, como chegamos até aqui tecnologicamente – o que já é possível e o que ainda será – e para onde vamos; e (2) conhecimento de como usar a IA a seu favor.

Segurança, **moral e ética** relativas à IA são temáticas que também não poderiam ficar de fora, pois estão entre os assuntos mais críticos e importantes no mundo atual, em que "seres digitais" tendem a participar cada vez mais de nossas vidas e a interagir em níveis ainda mais profundos com os seres humanos – inclusive como *coworkers*. Nesse cenário, emergem as mais variadas questões, a saber: como lidar com dados coletados por meio das interfaces de IA? Imagens, textos, sons... Estamos conectados praticamente 100% do tempo e interagindo constantemente com inúmeros sistemas inteligentes. Temos consciência disso e do tipo de interferência ou influência que eles exercem na humanidade? Que tipo de decisão está sendo tomada pelas máquinas? Podemos confiar que sejam éticas e imparciais? Estar alerta e entender quais pontos merecem especial atenção quando falamos sobre o assunto são habilidades essenciais para navegar no contexto tecnológico emergente.

Por fim, a popularização do ChatGPT e as demais IAs generativas a partir de 2023 deu início a um processo de dissolução de barreiras no uso da inteligência artificial – a IA passa, então, de um "poder" ora acessível apenas por profissionais qualificados técnicos para um superpoder que pode ser acessado por qualquer pessoa, por meio de uma interface conversacional. Isso desencadeia a democratização da IA, dando origem ao que tende a ser a maior revolução cognitiva da humanidade.

Para abordar e discutir esse universo de temas relacionados à IA, este livro foi dividido em três partes principais:

1. **Inteligência Artificial**: da ficção à realidade;
2. **Inteligência Artificial**: mente, corpo e alma;
3. **Inteligência Artificial**: superpoder.

Para aqueles que desejam ampliar a visão sobre os impactos da revolução digital em suas vidas – complementando as discussões aqui apresentadas sobre IA –, sugiro a leitura dos livros:

1. *Você, eu e os robôs: como se transformar no profissional digital do futuro*
2. *Liderando o Futuro: visão, estratégia e habilidades*

Esses três livros – o atual e os dois mencionados anteriormente – formam uma trilogia para que qualquer indivíduo consiga não apenas navegar na revolução tecnológica atual, mas, principalmente, liderá-la.

May the force be with you, e que as inteligências – naturais, artificiais e híbridas – estejam com todos nós!

PARTE 1

INTELIGÊNCIA ARTIFICIAL: DA FICÇÃO À REALIDADE

Capítulo 1
Revolução, evolução e disrupção

Capítulo 2
Inteligência Artificial: começo, meio e sem fim

Capítulo 3
Da aceleração da IA à explosão da inteligência

CAPÍTULO 1
Revolução, evolução e disrupção

Atualmente, qualquer assunto relacionado à Revolução Digital – transformação digital, inovação, tecnologias etc. – é foco de atenção na mídia, nos negócios, na academia, na vida! O tema é realmente excitante e atrativo no contexto altamente complexo em que vivemos, pois nos tornamos ávidos por respostas e caminhos para vencermos o turbilhão de mudanças que nos atingem. No entanto, **precisamos separar o que é *hype* do que realmente importa a cada momento**: aquilo que verdadeiramente tem efeito transformador sobre nós, saber como, quanto e quando nos afeta, e como lidar com isso.

Para começar, por mais impressionante que a Revolução Digital nos pareça, o seu principal diferencial em relação às grandes revoluções tecnológicas anteriores não é a profundidade do impacto que causa, mas a sua **velocidade**. Todas tiveram efeitos significativos na humanidade, mas nenhuma em um ritmo tão vertiginoso quanto o atual.

Será que o fato de sermos digitais traz algum benefício mais importante para a humanidade do que foi a água encanada, o esgoto ou a eletricidade? Pense por um instante no advento da eletricidade – desde o século XX, temos tido, de forma inédita na nossa história, acesso abundante e constante a uma fonte de energia que impulsiona inúmeras dimensões da nossa existência (iluminação, aquecimento, entretenimento, educação, conservação de alimentos etc.), e que chega até nós por meio de um singelo fio (e atualmente também pelo ar): isso não apenas modificou completamente a nossa forma de viver, como também foi a base para que, inclusive, o digital se tornasse possível. E mais: muito antes ainda da revolução da eletricidade, pense no saneamento básico: os seus impactos na qualidade de vida e saúde dos seres humanos provavelmente foram tanto quanto ou mais significativos do que os das tecnologias digitais são nos dias atuais. Assim, cada revolução tecnológica contribuiu com as transformações necessárias para levar a humanidade para o próximo patamar de evolução. No entanto, se em termos de **importância para o desenvolvimento humano** a Revolução Digital está no mesmo nível que as suas predecessoras, o mesmo não acontece em termos **estruturais da humanidade**: se as revoluções tecnológicas anteriores foram a mola propulsora evolutiva da espécie humana, a Revolução Digital atual tende a nos transformar em uma **nova espécie** – de *Homo Sapiens* a *Homo Digitalis*, um misto [orgânico + digital] que emerge no planeta. Se as revoluções anteriores melhoraram a vida humana, a digital tende a mudar **o que significa ser humano**.

Isso se deve particularmente porque, sob o ponto de vista da evolução, as tecnologias de Inteligência Artificial (IA) que entram em cena ocupam um papel fundamental, inaugurando a era das **ferramentas intuitivas**. Quaisquer ferramentas criadas antes da IA – tanto as mecânicas como as computacionais – são completamente **passivas** e dependem de ações humanas para funcionar: elas fazem exatamente aquilo que lhes é instruído, não conseguindo, portanto, fazer nada sem o comando ou a intervenção explícita do ser humano. Nossas ferramentas sempre foram coadjuvantes no nosso processo evolutivo, em que o ser humano era o ser mais inteligente do planeta, produzindo e sendo senhor de suas criações. Com a IA, as ferramentas passam a ser **ativas** – **aprendem**, **criam sozinhas** e se tornam **intuitivas**: conseguem prever situações futuras sem a intervenção humana e sem ter que partir do zero a cada nova situação. Muitas vezes, essas ferramentas geram soluções que jamais teríamos condições de imaginar como seres humanos, **mudando completamente as regras do jogo da vida** (e todas as suas dimensões: educação, aprendizagem, negócios, entretenimento etc.).

Mais uma vez na nossa história, a tecnologia tende a se tornar tanto uma bênção quanto um fardo (aliás, como qualquer outra) para a humanidade. Por um lado, o potencial de benefícios que a IA pode trazer é sem precedentes: produtividade, precisão, velocidade de desenvolvimento e possibilidade de ampliação de tudo o que cérebro humano faz hoje. Por outro lado, esse mesmo potencial, se mal utilizado, também pode trazer malefícios no mesmo grau de grandeza, assim como gerar uma disputa por poder, aumentar desigualdades e acelerar transformações em um ritmo que coloque em risco a sustentabilidade da essência humana. Assim, quanto maior a velocidade, mais importante se torna acertar a direção: **velocidade sem direção tende à catástrofe**.

E como traçar o melhor caminho de adoção de IA e das demais tecnologias digitais? O primeiro passo para vencer um jogo é **conhecê-lo**. É impossível desenvolver estratégias em um terreno desconhecido e com ferramentas/armas que não dominamos. Nesse sentido, como a evolução tecnológica acontece em um ritmo acelerado e constante, a única forma de se manter relevante é continuar aprendendo de modo constante, ou *lifelong learning*. Assim, **estudar constantemente** passa a ser condição essencial para estar preparado para o futuro, acompanhando a evolução tecnológica, conhecendo os vários aspectos da Revolução Digital e refletindo sobre seus possíveis cenários e desdobramentos – estamos passando por um processo de reestruturação da vida.

Nessa jornada de aquisição de conhecimentos e geração de reflexões, uma das formas complementares mais leves e divertidas que temos à nossa disposição é o *storytelling* – filmes, séries e documentários –, que apresenta diversos ângulos e perspectivas distintas sobre as grandes questões da humanidade. Sabemos que alguns dos instrumentos mais eficientes para compreendermos o mundo ao longo das revoluções anteriores foram a literatura, a música e as artes. Hoje não poderia ser diferente, além de termos o benefício da abundância. Jamais na nossa história tivemos tanto material documental e ficcional disponível para compreendermos uma época – a própria Revolução Digital que vivemos gerou esse ambiente informacional riquíssimo para nos ajudar a entendê-la.

Nesse contexto, com o intuito de auxiliar meus leitores a selecionar conteúdos educativos e reflexivos sobre a Revolução Digital, criei o *hotsite* **50+ Filmes para Entender o Mundo Digital**, que pode ser acessado pelo QR Code da Figura 1.1. Lá você encontra não somente indicações de filmes e séries, mas também comentários sobre o porquê de cada um deles ser imperdível, bem como quais aspectos/tecnologias/reflexões são notáveis.[1] Cada item da lista mostra diferentes perspectivas e reflexões do potencial tecnológico da sua época em direção ao futuro, variações sobre os mesmos temas que nos encantam e afligem.

Figura 1.1 – *Link* de acesso em QR Code para o hotsite *50+ Filmes para Entender o Mundo Digital*. Disponível em: www.martha.com.br/filmes. Acesso em: 4 jun. 2024.

Como a lista no *hotsite* é extensa e envolve assistir a centenas de horas de filmes/séries/documentários, sugiro que o leitor comece com alguns títulos principais:

- Documentários: **Privacidade hackeada** (2019), **A era dos dados** (2020), **Coded Bias** (2020) e **O dilema das redes** (2020);

- Ficção: **Carbono alterado** (2018), **Anon** (2018), **Other Life** (2017), **Rede de ódio** (2020) e **Holo, meu amor** (2020).

Essas obras apresentam reflexões humanas sobre possibilidades de cenários tecnológicos futuros e provocam discussões fundamentais sobre nossa evolução simbiótica com as tecnologias emergentes.

Além da **necessidade** de entender as transformações por nós vivenciadas, seus impactos e para onde estamos caminhando como humanidade, existe também uma **urgência** de nos prepararmos rapidamente nesse processo, que reside no fato de que as **revoluções tecnológicas estão acelerando** – até o início do século XX o ciclo de vida de uma tecnologia impactante era sempre maior do que o de uma pessoa. Nascíamos e morríamos sem ver grandes transformações no mundo ao nosso redor, a não ser se vivêssemos os períodos de revoluções. Agora, passamos a experimentar várias disrupções tecnológicas profundas durante o espaço de tempo da nossa existência – e isso complica as coisas, pois requer uma **estratégia cada vez mais rápida de adaptação de habilidades**. Há alguns séculos, nem conseguíamos sentir as mudanças, mas atualmente elas certamente não passam despercebidas – veja a aceleração na evolução dos modos de trabalhar (de forma ampla) até chegarmos aqui:

- **Caça e Coleta** – vários **milhões** de anos;

- Era **Agrícola** – vários **milhares** de anos;

- Era **Industrial** (1ª e 2ª Revoluções Industriais) – algumas **centenas de anos**;

---

1. A relação de indicações no *hotsite* começa em 1927, com *Metropolis*, uma obra-prima do início do cinema, que à época já tratava de robôs e da questão do trabalho. No entanto, recomendo que o leitor assista às indicações mais recentes, começando com títulos do ano corrente, e deixe para assistir aos mais antigos depois, como exercício cultural educativo prazeroso.

- Era da **Informação** (3º Revolução Industrial) – poucas **dezenas de anos**;
- Era **Cognitiva** (4º Revolução Industrial) – começou há poucos **anos**, e já estamos falando em 5.0.

A Figura 1.2 mostra essa aceleração do tempo de difusão de inovações nos Estados Unidos, no século XX.

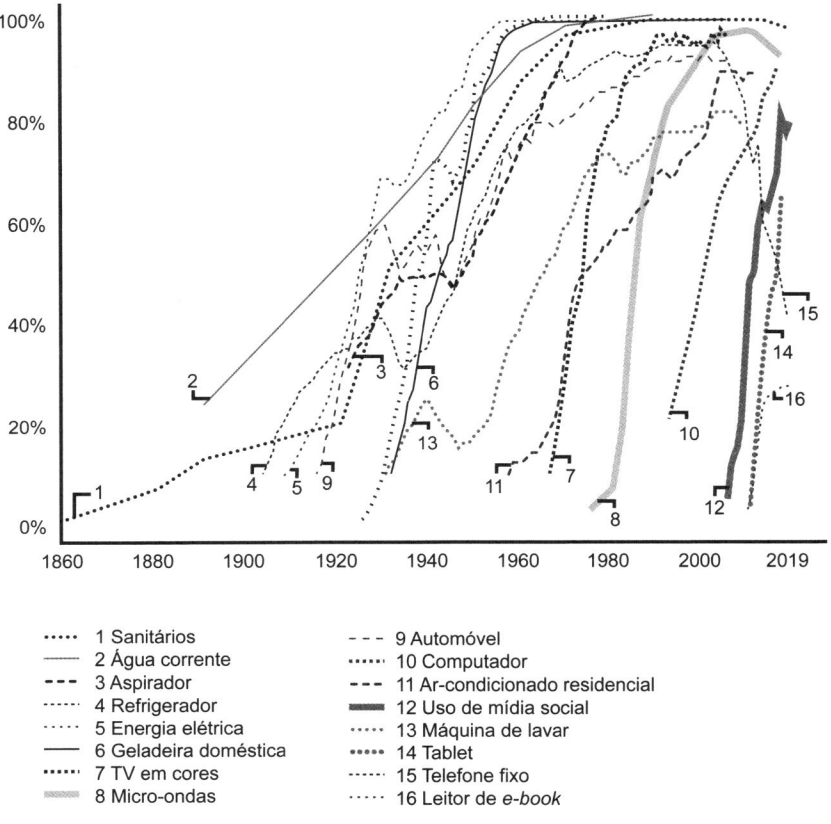

Figura 1.2 – Adaptada de: tempo de difusão de inovações nos Estados Unidos ao longo do século XX. Fonte: Comin e Hobijn (2004).

Portanto, provavelmente o modo como trabalhamos mudará mais nos próximos 10 anos do que se transformou nos últimos 500. Esse aumento da velocidade da mudança ao longo da história está intimamente associado aos avanços tecnológicos durante a nossa evolução e o nosso desenvolvimento. **Tecnologia, informação e inovação** são os elementos fundamentais do **círculo virtuoso que provoca a evolução e a sua aceleração**. Vejamos: novas tecnologias criam melhores fluxos de comunicação na humanidade, que, por sua vez, fomentam os processos de colaboração para inovação, que, em contrapartida, permitem a criação de tecnologias mais poderosas, que mais rapidamente melhoram os fluxos de comunicação, reiniciando o círculo de forma mais acelerada (Figura 1.3).

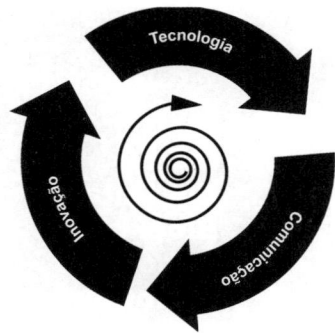

Figura 1.3 – Ciclo acelerador da transformação no mundo: tecnologia, comunicação e inovação. Fonte: elaborada pela autora (adaptada).

As **consequências dessa aceleração** são **profundas**, porque tudo o que aprendemos no passado fica cada vez mais rapidamente obsoleto, e tudo aquilo que estamos acostumados a fazer tende a não dar mais resultados.

Assim, **a tecnologia recria a realidade**: quanto mais disruptiva e viral for a primeira, mais rapidamente ela reconfigura a segunda.

Disrupção

Quando determinadas inovações tecnológicas transformam radicalmente a sociedade, elas são chamadas de disruptivas,[2] porque causam uma "ruptura" na lógica de funcionamento dos modelos de mundo, **alterando completamente as regras sociais e econômicas**. A escrita é um exemplo disso – a partir dela, tornou-se possível para a humanidade acumular e trocar conhecimento, relocando os **polos de poder econômicos e sociais**. As **revoluções tecnológicas** caracterizam-se quando muitas tecnologias disruptivas emergem e passam a atuar simultaneamente no mundo – esses períodos transformam e impactam todas as dimensões da humanidade: ambiente, escassezes, relacionamentos, saúde, cultura etc.

Nesse sentido, no cenário tecnológico atual podemos destacar as principais tecnologias emergentes que estão reestruturando o planeta, responsáveis pela transformação de tudo aquilo que conhecemos como realidade. São elas: **IA**, **IoT** (*Internet of Things*, ou, em português, Internet das Coisas), **5G**, **Big Data**, **Blockchain**, **Robótica**, **Nanotecnologia** e **Impressão 3D**. Essas tecnologias não são tendências, mas sim realidade, já presentes no nosso cotidiano e em pleno processo de evolução contínua. Uma adição importantíssima a essa lista é a **Computação Quântica**, que em 2019 passou de promessa a produto, trazendo o potencial de acelerar a capacidade de processamento computacional nos próximos anos, em um nível tal, que pode solucionar uma gama inédita de problemas complexos (Figura 1.4).

---

2. O conceito de inovação disruptiva foi cunhado por Clayton Christensen, em seu livro seminal *O dilema da inovação*, no qual ele analisa como pequenas inovações marginais podem transformar totalmente o setor de mercado em que entram, mudando, inclusive, a relação de poder de líderes.

Figura 1.4 – Tecnologias reestruturantes do planeta. Fonte: elaborada pela autora (adaptada).

Fazendo uma analogia dessas tecnologias com o corpo humano, podemos dizer que a **IA** equivaleria à capacidade de processamento do nosso cérebro biológico – quanto maior essa capacidade, mais rapidamente pensamos. No entanto, um cérebro sem memória não tem o que processar, não se consegue extrair inteligência do nada. Assim, o ***Big Data*** equivale à memória humana, que alimenta o processamento cerebral para virar inteligência. Contudo, para que o corpo humano capture dados e crie memórias, ele usa os nossos sentidos: visão, audição, olfato, tato e paladar. Na nossa analogia, a **IoT** faz o papel desses sentidos para capturar dados do mundo, e o **5G** seria o sistema nervoso, que permite a transmissão desses fluxos de informação pelo corpo para serem processados no cérebro. Assim, [IA + IoT + 5G + ***Big Data***] desempenham artificialmente no mundo o papel que o cérebro humano exerce no nosso corpo biológico. Quanto mais desenvolvemos essas tecnologias, mais poderoso se torna o cérebro artificial do planeta e a sua inteligência (não é à toa a discussão sobre a agenda de implementação do 5G ao redor do planeta). Tecnologias preexistentes – como *cloud*, computadores, roteadores, conectores, entre outras –, que evoluem continuamente, somam-se ao sistema nervoso artificial, estruturando e formando o substrato do cérebro artificial global.

Por outro lado, qualquer **cérebro sozinho**, por mais inteligente que seja, **não consegue se manifestar no mundo sem a ajuda de um corpo material**, que possa comandar para atuar no ambiente ao seu redor. Por exemplo, quando é preciso obter mais informações sobre algo, o cérebro comanda o corpo para se locomover e encontrar um livro, um *site* ou uma fonte qualquer de informação para adquirir o conhecimento de que precisamos. Sem corpo, não teríamos como transformar o nosso entorno e interagir intencionalmente com ele para evoluirmos. No caso do **cérebro artificial**, quem faz o papel do corpo é a **robótica** – é por meio dos "corpos artificiais" de robôs que a IA consegue se manifestar e adquirir, assim, o poder de atuar efetivamente no mundo físico. A **nanotecnologia**[3] e a **impressão 3D** complementam o cenário de manipulação do mundo físico: a primeira permite atuar no nível estrutural mais elementar da matéria – atômico e molecular; a última possibilita a recombinação de elementos de formas inusitadas e previamente impossíveis, utilizando outros instrumentos tradicionais de manipulação.

Por fim, o **Blockchain** desempenha no mundo artificial uma função equivalente à da linguagem humana – ele estrutura o código para que universos distintos possam trocar informações de forma rápida e segura, favorecendo o seu fluxo, a sua segurança e, consequentemente, a sua confiabilidade.

Discutiremos alguns desses conceitos de forma mais profunda ao longo deste livro, como robótica, logicamente, que é um complemento natural da inteligência artificial. No entanto, devido à importância dessas tecnologias todas no cenário atual, sugiro que o leitor se aprofunde também nas demais, por meio de outros livros e obras.[4]

Com isso em mente, focaremos, a partir do próximo capítulo, a inteligência artificial, iniciando com suas origens e evolução e avançando, a seguir, para o seu funcionamento, aplicações, oportunidades e ameaças.

---

3. A nanotecnologia opera na escala de nanômetros, ou seja, bilionésimos de metro, permitindo manipular átomos e moléculas individualmente para criar materiais e dispositivos com propriedades únicas. Essa manipulação em escala tão pequena abre portas para inovações em diversos campos, como medicina, eletrônicos, energia e materiais. A aplicação da nanotecnologia pode resultar em produtos com desempenho superior, como tecidos mais resistentes e autolimpantes, baterias com maior capacidade e durabilidade, e sistemas de entrega de fármacos mais eficientes que podem direcionar tratamentos diretamente às células afetadas, minimizando efeitos colaterais e aumentando a eficácia. Além disso, a nanotecnologia pode contribuir para o desenvolvimento sustentável por meio da criação de materiais mais leves e resistentes, reduzindo o consumo de energia e a emissão de poluentes. Ela possibilita também a produção de dispositivos menores, mais rápidos e eficientes.
4. O livro *Você, eu e os robôs: o profissional digital do futuro*, citado na Introdução, tem como objetivo apresentar, explicar e discutir cada uma dessas tecnologias e seus impactos na humanidade e na sua evolução, funcionando como leitura complementar ao presente livro.

CAPÍTULO 2

Inteligência Artificial: começo, meio e sem fim

Quando analisamos o caminho de desenvolvimento da Inteligência Artificial (IA), existem duas linhas principais de pensamento: o **simbolismo** e o **conexionismo** (Hoffmann, 1998).

A **abordagem simbólica** da inteligência é fruto do **pensamento lógico** orientado pela matemática e descreve de forma abstrata os processos que geram comportamento inteligente. Por outro lado, a **linha conexionista** é orientada para a inteligência emergente da **fisiologia humana**, considerando que a inteligência humana é resultado da forma como o nosso cérebro funciona e é organizado.

Assim, de modo geral essas linhas de pensamento inspiraram a evolução da computação, seguindo essas duas frentes de desenvolvimento: simbólica (**programação de máquinas**) e conexionista (**aprendizagem de máquinas**).

A Figura 2.1 sintetiza ambas as abordagens: o simbolismo baseado na representação de processos organizados, em uma formação lógica; e o conexionismo fundamentado na analogia, na formação desordenada e em processos orgânicos.

O primeiro modelo – o **simbolista** – deu origem ao que conhecemos como programação: uma tarefa específica é dividida em partes, organizando um fluxo para executar ações. Ela imita o funcionamento da mente humana: colocando pensamentos em ordem concatenada para gerar soluções. O método parte de um conceito mental, gerando regras que o descrevam (linguagem computacional) e sendo estruturado de cima (ideia) para baixo (comandos específicos, Figura 2.2). Nesse sentido, tudo o que é processado deve ser programado *a priori*, e os sistemas seguem sempre o mesmo *script*. É um **processo de replicação do pensamento**, e os **resultados obtidos são predeterminados** em algum grau pela lógica de programação e interação com os dados de entrada e saída do sistema.

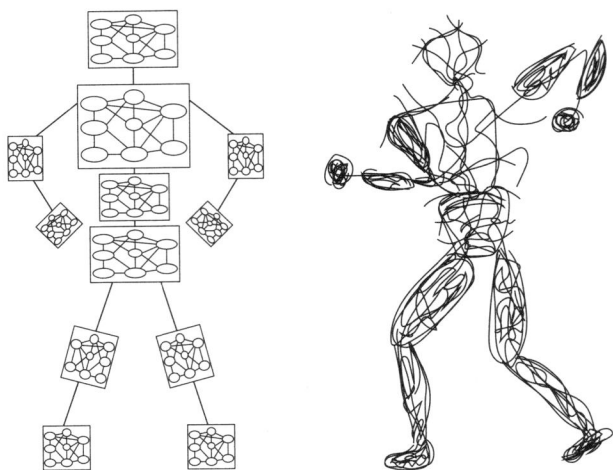

Figura 2.1 – Representação do homem simbólico *versus* conexionista – organizado *versus* orgânico. Disponível em: https://web.media.mit.edu/~minsky/papers/SymbolicVs.Connectionist.html. Acesso em: 3 abr. 2022.

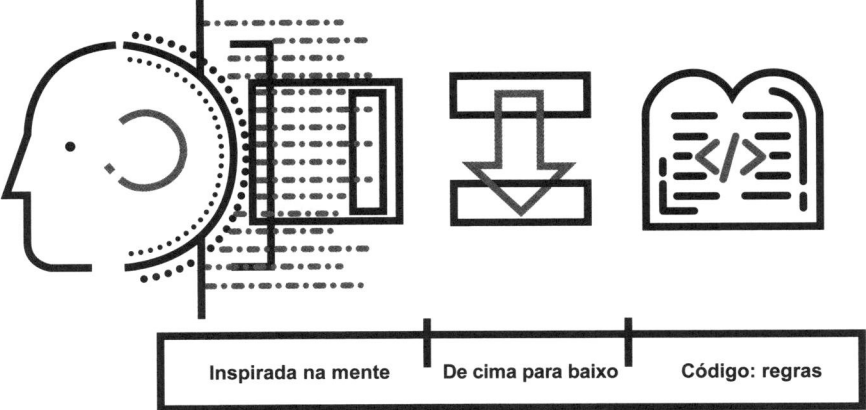

Figura 2.2 – Esquema explicativo da linha simbolista de desenvolvimento da IA. Fonte: Gabriel (2017).

A segunda vertente – a **conexionista** –, por sua vez, é inspirada na fisiologia do cérebro humano e em seu modelo de funcionamento: as redes neurais. Nesse caso, as decisões não são geradas por encadeamento de ideias preestabelecidas de cima para baixo, mas por meio de **processamento em camadas de neurônios especializados que interagem e aprendem como agir da melhor maneira** (de baixo para cima) (Figura 2.3). Esse não é um processo de repetição, mas de **treinamento** e **aprendizagem**, em que as **soluções emergem** por meio de tentativa e erro, **evoluindo**. Essa é base da IA atual, acreditando-se que a inteligência está na forma de processar a informação,[1] e não na informação em si – a capacidade de resolver problemas, e não de seguir regras.

---

1. Aprendendo com os seus erros e executando diferentes processos, independentemente de instruções.

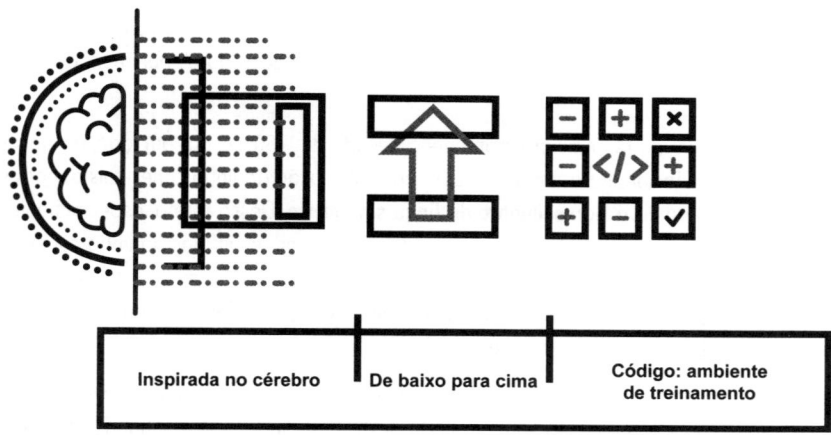

Figura 2.3 – Esquema explicativo da linha conexionista de desenvolvimento da IA. Fonte: Gabriel (2017).

A linha simbolista consegue solucionar problemas que possam ser descritos de forma estruturada e lógica, por exemplo, o processamento de uma folha de pagamentos de uma empresa, que possui regras claras e bem-definidas de como devem ser executadas. Por outro lado, quando um problema é mal definido por não haver conhecimento explícito de como realizar as tarefas que o compõem, a linha conexionista é o melhor caminho – esse é o caso, por exemplo, do reconhecimento de imagens: como descrever comandos claros e precisos para reconhecer visualmente o que é uma flor, uma vegetação, uma montanha, um leão etc.? Esse tipo de tarefa não consegue ser estruturado em regras e comandos, e só pode ser resolvido por meio de aprendizagem neural.

É interessante notar que **essas duas linhas evolutivas da IA se inspiraram na inteligência humana, que se utiliza dessas duas formas combinadas para se manifestar** – muitas vezes "imitamos" apenas o que os outros fazem, repetindo uma lógica predeterminada; em outras, "aprendemos" novas formas de atuar no mundo por meio de tentativa e erro. Eventualmente, atividades em que começamos como meros "repetidores" fornecem o insumo necessário para criarmos uma base para "aprender" e avançar para o processo de "criar", ir além do que foi ensinado inicialmente. Por exemplo, aprendemos a ler e a escrever repetindo métodos e textos previamente estabelecidos. No entanto, a partir de um determinado momento, começamos a escrever nossos próprios textos e a desenvolver nossas próprias ideias – aprendemos e evoluímos para outro patamar.

Inicialmente, quando a IA tornou-se oficialmente uma disciplina de estudo na década de 1950, acreditava-se que o modelo conexionista seria facilmente implementado em poucos anos, o que gerou uma euforia na área e atraiu grandes investimentos para seu desenvolvimento. No entanto, como qualquer ideia conceitual, **o fazer revela a verdadeira essência da situação** – quando tentamos fazer algo, passamos a conhecer a real dimensão da sua complexidade, bem como as dificuldades de sua implementação e do empenho necessário para sua realização. Assim foi também com a linha conexionista: um dos grandes limitantes para o seu desenvolvimento era a capacidade de processamento computacional – o processamento de redes neurais demanda uma *performance* mínima que demorou décadas para se realizar e se tornar comercialmente disponível. Mais especificamente, esse requisito foi alcançado há apenas alguns anos, na década de **2010, e só a partir de então a linha conexionista tem se tornado viável**, dando um impulso extraordinário à evolução da IA por meio dos algoritmos de *machine learning*.

Voltando à origem da IA, mais precisamente à década de 1950, se, por um lado, a velocidade de processamento computacional era um obstáculo para a evolução da linha conexionista, por outro ela era suficiente para permitir o **florescimento da linha simbolista**. Dessa forma, especialmente após a década de 1970, instaura-se uma decepção generalizada com os resultados da linha conexionista,[2] e os investimentos e direcionamentos de esforços passam a focar a linha simbolista, dando origem à **era da informática por meio de sistemas computacionais programados em linguagens codificadas**, como Fortran, Cobol, Pascal e inúmeras outras.

Nesse período, entretanto, apesar da diminuição das atenções para a linha conexionista, as suas pesquisas e o seu desenvolvimento seguiam acontecendo e progredindo, acompanhando as possibilidades de *hardware* e conectividade conforme evoluíam. Dessa forma, **formou-se hoje um cenário em que as duas vertentes amadureceram e são usadas de forma complementar** – um misto de IA simbolista e conexionista –, do mesmo modo que acontece no nosso cérebro biológico.

Vivemos, assim, a aurora da IA no planeta, em que o cérebro artificial está cada vez mais funcional, evoluído e maior, dando origem a seres pensantes digitais que coabitarão sempre mais com a humanidade. Vejamos, então, como chegamos aqui, como estamos convivendo com esses seres já presentes entre nós e como vamos pavimentando o nosso caminho juntos para o futuro.

Começo e meio – da Antiguidade ao século XX

Com o intuito de entender como chegamos ao estado atual de IA, pontuamos a seguir os principais acontecimentos e personagens na sua história, com uma breve relação de fatos e feitos relevantes para o seu desenvolvimento, inclusive a robótica. É importante ressaltar, no entanto, que o objetivo aqui não é cobrir a totalidade dos marcos relacionados com a IA, mas apenas os que consideramos essenciais para contextualizar o escopo deste livro.

Histórias de seres artificiais povoando o imaginário humano remontam à **Antiguidade**[3] – os primeiros registros são encontrados na mitologia grega, como no caso do deus Hefesto, que criou um autômato para trabalhar em sua oficina, ou Talos, que era um homem artificial de bronze. De lá para cá, as referências se multiplicaram e evoluíram tanto na ficção quanto na imaginação coletiva da humanidade.

Na **Idade Média**, o filósofo catalão **Ramon Llull** inventou uma linguagem formal baseada na lógica combinatória para falar de tudo aquilo que era relevante para a filosofia e a religião sem as barreiras das línguas – essa foi a primeira tentativa de criar uma linguagem universal única para gerar conhecimento

---

2. Período conhecido como "Inverno da IA".
3. Uma compilação ampla do conceito de autômatos, do seu surgimento na Antiguidade à sua evolução até os tempos, atuais está disponível em: https://en.wikipedia.org/wiki/Automaton. Acesso em: 3 abr. 2022.

tendo-se por base a associação de conceitos e combinações. Por isso, ele é considerado o pioneiro das teorias computacionais, com o seu texto **Ars generalis ultima** (*Arte geral decisiva*), publicado em 1308.

Não é uma tarefa fácil identificar o momento exato em que a **robótica** deu seus primeiros passos, passando da ficção para a realidade, pois dificilmente uma inovação acontece de forma isolada. No entanto, podemos considerar pioneiras na área as obras do inventor francês **Jacques de Vaucanson**. No **século XVIII**, ele cria *O tocador de flauta* (1737): um **autômato** em figura de pastor em tamanho natural que tocava flauta, soprando e mudando as notas musicais com os dedos. No entanto, a sua obra-prima foi o *Pato digerindo*, de 1738, conhecido como o **pato de Vaucanson** – um robô em forma de pato com centenas de peças, que, além de grasnar, também comia, bebia, digeria e nadava (Figura 2.4). A importância desses robôs é muito maior do que simplesmente serem precursores de uma nova área de conhecimento. Graças às competências adquiridas por Vaucanson para fazer esses autômatos, ele desenvolveu habilidades para ir muito além e criar posteriormente outras invenções, por exemplo, o **primeiro tear totalmente automatizado** do mundo, programado com cartões perfurados, em 1748.[4] Portanto, Vaucanson foi pioneiro também na área de **automação industrial**. O seu trabalho foi redescoberto e aperfeiçoado por **Joseph-Marie Jacquard**, que em 1804 construiu o seu novo tear automatizado, revolucionando assim a indústria têxtil mundial.

Figura 2.4 – Desenho representativo do *pato digerindo*, de Vaucanson. Disponível em: https://pt.wikipedia.org/wiki/Jacques_de_Vaucanson. Acesso em: 4 jun. 2024.

No entanto, foi apenas no início do século XX que o termo *robot* surgiu e passou a designar os seres e máquinas autômatos – a palavra foi usada pela primeira vez em 1920 na publicação "R.U.R. (*Rossum's Universal Robots*)", do escritor checo **Karel Čapek**. Na peça, os robôs eram seres biológicos fabricados para realizar todas as tarefas desagradáveis de trabalhos manuais. O neologismo foi criado em derivação da palavra checa *robota*, que significa servidão, trabalho.

---

4. O tear automatizado de Vaucanson encontra-se no *Musée des Arts et Métiers* (Museu de Artes e Ofícios) de Paris.

Se o desenvolvimento da robótica tomou a dianteira nos séculos anteriores, a IA lança suas fundações em 1936, quando **Alan Turing** publica o *paper Universal Machine*, no qual propõe uma "máquina universal" – concebida muitos anos antes da existência de um computador digital. A **máquina de Turing**, como ficou conhecida, é um modelo abstrato de um computador (restringindo-se a aspectos lógicos, como memória, estados e transições), que pode modelar qualquer computador digital. Turing é o grande personagem da história da computação e da IA, com contribuições inestimáveis para as ciências computacionais. Para conhecer um pouco mais sobre a vida do cientista e a sua atuação na construção da máquina de quebrar códigos durante a Segunda Guerra Mundial (quando utiliza alguns dos conceitos que desenvolveu na máquina universal), vale a pena assistir ao filme *O jogo da imitação* (*The Imitation Game*, de 2014).

A década de 1940 contribuiu com importantes desenvolvimentos para a IA, como a origem das **redes neurais artificiais**, quando **Warren McCulloch** e **Walter Pitts** criaram, em 1943, um modelo computacional de redes neurais baseado em matemática e algoritmos (Mcculloch; Pitts, 1943), pavimentando o caminho para as pesquisas de redes neurais em duas vertentes: a primeira focava os processos biológicos do cérebro; a segunda, a aplicação das redes neurais em IA.

Em 1946 – dez anos depois da publicação da máquina universal de Turing – acontece a primeira **Macy Cybernetics Conference**,[5] um marco na evolução científica de IA. A conferência em questão propunha discussões científicas interdisciplinares sobre cibernética, fomentando a criatividade por meio das interações de cientistas de campos distintos.

Nesse mesmo ano também é lançado o **ENIAC** (*Electronic Numerical Integrator and Computer*), que, apesar de ser um computador decimal, não binário, foi a **primeira máquina a concretizar as ideias computacionais de Alan Turing**. A sua programação era muito mais em nível de *hardware* do que *software*, já que cada novo "programa" requeria que um grupo de engenheiros habilidosos reconfigurasse manualmente os *switches* (Figura 2.5). O computador foi um dos maiores legados tecnológicos da Segunda Guerra Mundial – o estado de guerra permitiu que os governos pudessem reunir os melhores cérebros nas ciências computacionais e na engenharia eletrônica para resolverem grandes problemas em vez de trabalharem dispersos em empresas concorrentes no mercado. Uma vez que esses cientistas retornaram ao mundo dos negócios, disseminaram livremente o *know-how* adquirido, resultando em uma aceleração considerável na área.

O ano de 1948 marca o nascimento oficial da **Cibernética**, quando **Norbert Wiener** publica o livro ***Cybernetics***. A cibernética fundamenta-se na noção de que seres vivos e máquinas fazem parte de um mesmo contínuo, não sendo essencialmente diferentes, eliminando, assim, a oposição entre natureza e cultura, orgânico e inorgânico, homem e máquina. Esse pensamento fomentou o desenvolvimento das tecnologias especializadas em imitar ou manipular a vida, como a **robótica** e as **biotecnologias**. Apesar de a cibernética ter surgido como campo científico durante a Segunda Guerra Mundial (com o objetivo de criar sistemas artificiais capazes de executar funções até então essencialmente humanas – como cálculos complexos e previsão do futuro, no caso da trajetória de aeronaves), o livro não só estimulou novas hipóteses, teorias e pesquisas em várias áreas da ciência, mas também influenciou profundamente a cultura moderna, dando origem à **"cibercultura"**. Além de estabelecer as bases da cibernética, Wiener

---

5. As conferências existiram entre 1946 e 1953 – a partir de então, pararam devido à complexidade da área, gerando dificuldades de organizar e manter um evento com um grupo tão diverso de participantes.

também se preocupou com as questões filosóficas e **éticas** decorrentes da evolução tecnológica, avaliando como ela afetaria valores humanos fundamentais – vida, trabalho, saúde, conhecimento, criatividade, felicidade. Note-se que esses assuntos, antevistos por ele em meados do século XX, atraem cada vez mais interesse nos dias atuais, quando a digitalização acelera e se concretiza no mundo.

Figura 2.5 – Imagem mostrando o processo de "programação" do ENIAC. Disponível em: https://www.scaruffi.com/science/elec3.html. Acesso em: 4 jun. 2024.

Se na década anterior **Alan Turing** deu a largada na história da IA, entre 1948 e 1950 ele lança as sementes que a fundamentam como disciplina científica, com a publicação dos seus *papers* seminais *Máquinas inteligentes: uma teoria herética*[6] e *Máquinas computacionais e inteligência*, nos quais propõe o **teste de Turing**, ou jogos de imitação, como teste de inteligência para máquinas: seriam elas capazes de dar respostas tão convincentes, a ponto de um ser humano não perceber que se trata de uma IA? Turing previu que, com o avanço das tecnologias computacionais, no fim do século XX as máquinas teriam desenvolvido inteligência para passar no teste de Turing – na realidade, isso aconteceu pela primeira vez em 2014.[7]

No fim da década de 1940, possivelmente influenciado pela máquina de Turing, o matemático **John von Neumann** percebe que os **seres vivos** estavam entre os **tipos de máquina** que poderiam ser emulados pela máquina universal. Em sua obra *The general and logical theory of automata*,[8] von Neumann fez uma **analogia entre os órgãos humanos e as partes de um computador, especialmente o sistema nervoso central** (Barone, 2003). Ele cria também a teoria do **autômato autorreplicante** (publicada em 1966 no livro *Theory of Self-Reproducing Automata*[9]), contra-argumentando a afirmação de que o que separa seres humanos de máquinas seria o fato de elas não serem capazes de se reproduzir. Apesar de ser um trabalho conceitual na época, ele foi validado posteriormente quando foram construídos autômatas que se reproduzem.

Pensando em como seres humanos, animais e máquinas se controlam e se comunicam entre si, em 1948 **Norbert Wiener** define a **cibernética** como "o estudo científico do **controle e comunicação no**

---

6. Disponível em: https://fermatslibrary.com/s/intelligent-machinery-a-heretical-theory. Acesso em: 3 abr. 2022.
7. Disponível em: https://www.bbc.com/news/technology-27762088. Acesso em: 3 abr. 2022.
8. Disponível em: https://psycnet.apa.org/record/1952-04498-005. Acesso em: 3 abr. 2022.
9. Disponível em: https://archive.org/details/theoryofselfrepr00vonn_0 e em: https://archive.org/stream/theoryofselfrepr00vonn_0/theoryofselfrepr00vonn_0_djvu.txt. Acesso em: 3 abr. 2022.

animal e na máquina", uma área transdisciplinar que explora as estruturas, as restrições e as possibilidades desses sistemas regulatórios.

Se os anos anteriores foram marcados mais pela estruturação teórica do campo de IA, a década de 1950 passa a avançar no seu desenvolvimento. Em 1951, **Marvin Minsky** e **Dean Edmonds** constroem a **SNARC** (*Stochastic Neural Analog Reinforcement Calculator*), a primeira **rede neural artificial** a usar 3.000 tubos a vácuo para simular uma rede de 40 neurônios. Nesse mesmo ano, **Claude Shannon** desenvolve os ***electronic rats***: robôs capazes de aprender e resolver labirintos – ver demonstração de um dos **primeiros experimentos de IA** com *machine learning* no vídeo da Figura 2.6.

Figura 2.6 – *Link* ou QR Code para o vídeo em que Claude Shannon apresenta os *electronic rats* e o processo de *machine learning*. Disponível em: https://www.youtube.com/watch?v=vPKkXibQXGA. Acesso em: 4 jun. 2024.

Também no início da década, em 1952, **Arthur Samuel** – um cientista americano pioneiro em *machine learning* – cria o programa ***Checkers*** para jogar xadrez: o primeiro que aprende sozinho (foi também a primeira implementação do algoritmo alfa-beta).

Em **31 de agosto de 1955**, momento considerado o nascimento oficial da IA como um novo campo de estudo, **John McCarthy**, **Marvin Minsky**, **Nathaniel Rochester** e **Claude Shannon** cunham esse termo no documento,[10] que propõe um projeto de estudo de IA a ser desenvolvido por dez pessoas durante dois meses no verão de 1956, no Dartmouth College.

O ano de 1955 traz outro marco importante: foi aquele em que a palavra "**singularidade**" foi usada pela primeira vez no contexto tecnológico por **John von Neumann**.[11] O texto a seguir revela as suas reflexões sobre isso:

> A tecnologia que está agora se desenvolvendo e que dominará as próximas décadas está em conflito com os conceitos e as unidades políticas e geográficas tradicionais momentaneamente ainda válidos. Isso é uma crise de amadurecimento da tecnologia... A resposta mais esperançosa é que a espécie humana já foi submetida a esse tipo de testes anteriormente e parece possuir

---

10. Disponível em: http://jmc.stanford.edu/articles/dartmouth/dartmouth.pdf. Acesso em: 3 abr. 2022.
11. Shanahan (2015).

uma habilidade inata de superação, depois de quantidades variadas de problemas (Davenport; Rosenthal, 2016).

Na onda da exploração espacial, que coloca o primeiro ser humano em órbita em 1957 (Yuri Gagarin a bordo da Vostok 1), o termo **ciborgue**[12] é cunhado por Manfred Clynes e Nathan Kline, em 1960, na publicação *Ciborgues e o espaço*,[13] na qual argumentam que "alterar as funções corporais de um homem para atender aos requisitos dos ambientes extraterrestres seria mais lógico do que criar um ambiente terrestre para ele no espaço".

A década de 1960 inaugura a era industrial da aplicação das teorias e dos experimentos desenvolvidos nos anos anteriores. Em 1961, a **General Motors** começa a utilizar o primeiro robô industrial – o **Unimate** – em suas linhas de montagem na fábrica de Ewing Township, em Nova Jersey. O vídeo que consta na Figura 2.7 mostra o funcionamento do braço robótico.

Figura 2.7 – *Link* ou QR Code para o vídeo de apresentação do robô industrial Unimate. Disponível em: https://youtu.be/hxsWeVtb-JQ. Acesso em: 4 jun. 2024.

A questão da **singularidade** e as reflexões sobre a criação de **máquinas ultrainteligentes** voltam à tona em meados da década de 1960 (1964/1965), quando o matemático britânico **Irvin John Good** publica o *paper Speculations Concerning the First Ultraintelligent Machine*[14] (apesar de nunca ter usado o termo singularidade, ele aborda o conceito). Good acreditava que "**A sobrevivência do homem depende da construção de uma máquina superinteligente**". Essa declaração, na abertura do *paper*, mostra que ele sentia que os seres humanos estavam se envolvendo em tantos problemas complexos (corrida nuclear, poluição, guerra etc.), que só poderíamos ser salvos por um pensamento melhor, o qual viria das máquinas superinteligentes. Ainda segundo o seu raciocínio, **a primeira máquina ultrainteligente seria a última invenção** feita pelo homem:

> Vamos definir uma máquina ultrainteligente como aquela que consegue ultrapassar em muito todas as atividades intelectuais de qualquer homem, por mais inteligente que ele seja. Considerando que o *design* de máquinas é uma dessas atividades intelectuais, uma máquina ultrainteligente poderia projetar máquinas ainda melhores; existiria uma inquestionável "**explosão de inteligência**", e a inteligência humana ficaria para trás. Assim, a primeira máquina ultrainteligente

---
12. *Cyborg*, em inglês, é a contração de **cybernetic org**anism, ou organismo cibernético.
13. Disponível em: http://web.mit.edu/digitalapollo/Documents/Chapter1/cyborgs.pdf. Acesso em: 3 abr. 2022.
14. Disponível em: https://www.researchgate.net/publication/220662734_Good_IJ_Speculations_Concerning_the_First_Ultraintelligent_Machine_Advances_in_Computers_6_31-88. Acesso em: 3 abr. 2022.

é a última invenção que o homem faria, desde que essa máquina fosse suficientemente dócil para nos dizer como mantê-la sob controle. (Good, 1965, grifo nosso)

Esse é o período também em que **Gordon Moore**, CEO da Intel na época, observa, em 1965, que o número de componentes por circuito integrado dobrava a cada período de 1 a 2 anos (normalmente citado como 18 meses). Essa velocidade de crescimento tecnológico ficou conhecida como a famosa **Lei de Moore**, que se verificou verdadeira nas décadas seguintes.

O primeiro **robô antropomórfico caminhante** (com o tamanho real de um ser humano) (Figura 2.8) é criado em 1967 e aperfeiçoado até 1973 – **Ichiro Kato** e sua equipe desenvolvem, na Waseda University, o **Wabot**. O sistema de controle permitia que ele caminhasse com os membros inferiores e pegasse e transportasse objetos com as mãos, usando sensores táteis.

De 1970 a 1990, o interesse e os investimentos na área começam a diminuir gradativamente, em função da decepção com os resultados muito aquém das expectativas da década de 1960. Esse período ficou conhecido como o "**Inverno da IA**", ou *AI Winter*, termo cunhado em analogia ao "inverno nuclear" (*nuclear winter*), que se refere ao período longo e intenso de esfriamento climático global que sucederia as inúmeras tempestades de fogo depois de uma guerra nuclear.

Figura 2.8 – Foto do Wabot, em 1973. Disponível em: http://www.humanoid.waseda.ac.jp/booklet/kato_2.html. Acesso em: 4 jun. 2024.

Ainda assim, esse período contou com marcos importantes na história da IA. Em 1974, **Paul Werbos** cria o **algoritmo de retropropagação de erros** (*backpropagation*)[15] – algoritmo responsável

---

15. Disponível em: https://medium.com/ensina-ai/redes-neurais-perceptron-multicamadas-e-o-algoritmo-backpropagation-eaf89778f5b8. Acesso em: 3 abr. 2022.

pelo **aprendizado de redes** neurais artificiais, que serviu como base para os modelos mais complexos existentes atualmente, como as **Redes Convolucionais**, que são o estado da arte para classificação de imagens.

A jornada vitoriosa dos computadores que enfrentam campeões humanos começa em 1979, quando, pela primeira vez na história, um **computador vence um campeão mundial em jogos de tabuleiro** – o programa **BKG 9.8**, desenvolvido por **Hans Berliner**, derrotou por 7 a 1 o campeão mundial de gamão, **Luigi Villa**. Essa foi uma das primeiras disputas midiáticas entre seres humanos e computadores em jogos.[16]

Se na década de 1960 Gordon Moore constatou a velocidade de crescimento de transistores, na década de 1980 **Buckminster Fuller** observou que, em função da tecnologia, o conhecimento humano crescia em ritmo **exponencial** desde o início da nossa história. Em 1982, ele publica o livro *Critical Path*,[17] em que apresenta a **Curva de Duplicação do Conhecimento** (*Doubling Knowledge Curve*) – analisando a partir do ano 1 da Era Cristã, o conhecimento demorou 1500 anos para dobrar; depois disso, precisou de apenas 250 anos para duplicar novamente; no início do século passado, o conhecimento dobrava a cada 100 anos; durante a Segunda Guerra Mundial, a cada 25 anos e, em 1982, Fuller estimou que o conhecimento duplicava a cada 18 meses. Em 2007, a IBM previu que até 2020 o conhecimento deveria dobrar a cada 11 horas,[18] ou seja, duas vezes por dia. Esse é o cenário em que estamos imersos atualmente (Figura 2.9).[19]

O ano de 1980 marca a origem da **Computação Quântica**, quando o físico **Paul Benioff** propôs um modelo mecânico quântico para a máquina de Turing.[20] Posteriormente, em 1994, **Peter Shor** desenvolve um **algoritmo quântico com o potencial de decriptar qualquer comunicação** segura.[21]

Marvin Minsky contribui novamente para ampliar as reflexões conceituais sobre o desenvolvimento de IA, quando, em 1986, publica *A sociedade da mente*, uma coleção de ideias sobre como se dá o funcionamento **da mente e do pensamento**. Ele desenvolve teorias sobre como ocorrem processos de linguagem, memória e aprendizagem e também cobre conceitos como **consciência, o sentido do *self*, livre-arbítrio** etc.

O conceito de **processador neuromórfico** surge no final dos anos 1980, criado por **Carver Mead**, que descreve o uso de sistemas (VLSI – *very large scale integration*) que contêm circuitos analógicos para imitar as arquiteturas neurobiológicas presentes no sistema nervoso. Atualmente, o termo neuromórfico é usado para se referir a qualquer tipo de sistemas (analógico, digital, misto, *software*) que implementam modelos de sistemas neurais.

---

16. Disponível em: https://pt.wikipedia.org/wiki/Confrontos_entre_humanos_e_computadores_em_jogos. Acesso em: 3 abr. 2022.
17. Disponível em: https://books.google.com.br/books/about/Critical_Path.html?id=mkvoDQAAQBAJ&redir_esc=y. Acesso em: 3 abr. 2022.
18. Disponível em: https://learningsolutionsmag.com/articles/2468/marc-my-words-the-coming-knowledge-tsunami. Acesso em: 3 abr. 2022.
19. Esse ritmo vertiginoso de aceleração no crescimento do conhecimento humano tende a requerer o desenvolvimento de sistemas computacionais mais complexos, colaboração e IA para lidar com esse nível de informação.
20. Disponível em: https://link.springer.com/article/10.1007%2FBF01011339. Acesso em: 4 abr. 2022.
21. Disponível em: https://web.archive.org/web/20121115112940/http://people.ccmr.cornell.edu/~mermin/qcomp/chap3.pdf. Acesso em: 4 abr. 2022.

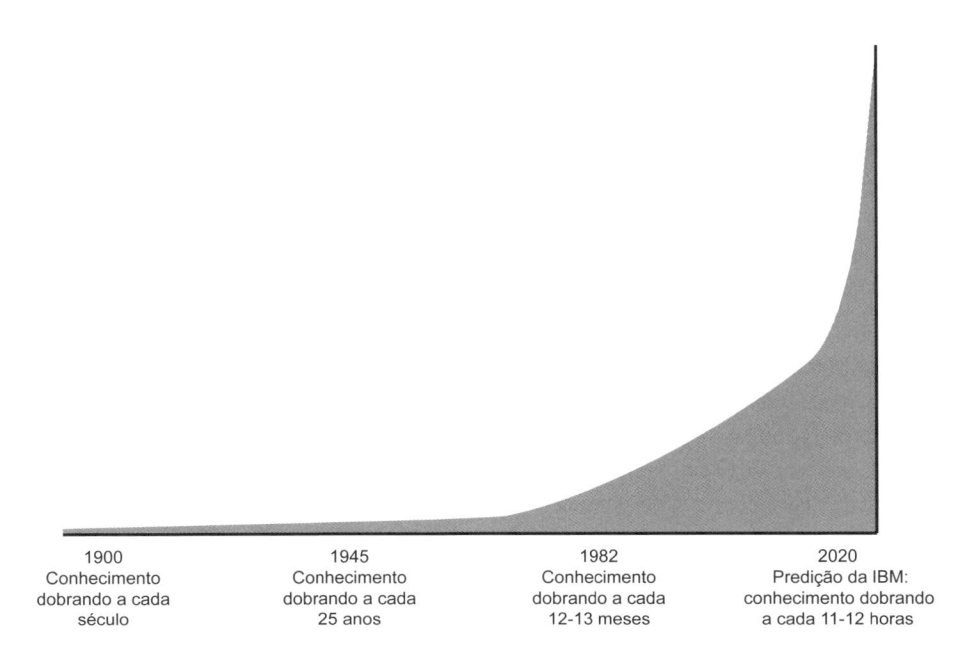

1900	1945	1982	2020
Conhecimento dobrando a cada século	Conhecimento dobrando a cada 25 anos	Conhecimento dobrando a cada 12-13 meses	Predição da IBM: conhecimento dobrando a cada 11-12 horas

Figura 2.9 – Curva de duplicação do conhecimento humano baseada em Buckminster Fuller e na IBM. Disponível em: https://steemit.com/philosophy/@rsguardian/limitless-alih9vcs0x. Acesso em: 4 jun. 2024.

Apesar de o **carro autônomo** ter ganhado notoriedade apenas recentemente, o projeto pioneiro nesse segmento data de 1986/1987 – o **Eureka Prometheus Project**, cujo primeiro destaque foi o VaMP, um veículo experimental criado por **Ernst Dickmanns**, que opera de forma autônoma por 1.000 quilômetros nos arredores do aeroporto Charles de Gaulle, em Paris. A Figura 2.10 traz um *link* para o vídeo de registro do experimento.

Figura 2.10 – *Link* ou QR Code para o vídeo de apresentação do veículo autônomo VaMP. Disponível em: https://youtu.be/I39sxwYKlEE. Acesso em: 4 jun. 2024.

Na década de 1990, a robótica conquista novos planetas: em 1997, a espaçonave robótica **Mars Pathfinder**, da **NASA**, aterrissa em **Marte** e lança em sua superfície o robô **Sojourner**, o primeiro *roving robot* responsável por explorar o solo marciano e coletar informações.

Além disso, esse mesmo ano representa mais um capítulo importante na história de vitórias de computadores contra campeões humanos. Se o campo de batalha anterior foi o gamão, agora é a vez do xadrez: o sistema **Deep Blue**, desenvolvido pela **IBM**, vence o campeão mundial de xadrez, Garry Kasparov. O acontecimento é marcante, já que é a primeira vez que um computador derrota um campeão de xadrez mundial sob condições de controle de tempo em um campeonato.

O século se encerra testemunhando o nascimento da **Google**, quando em 1998 dois estudantes de Stanford, **Larry Page** e **Sergey Brin**, lançam o buscador. De lá para cá, a empresa vem se tornando um conglomerado de organizações, com portfólio de produtos que vão muito além da busca na *web*, como o sistema operacional Android, aplicativos de mapas, fotos, filmes, música, navegador Chrome, Gmail, YouTube, além de serviços de *cloud intelligence*, nos quais a empresa investe pesado em *machine learning*. Atualmente, é uma das marcas mais valiosas do mundo, com atuação também em *hardware*, como os assistentes domésticos Google Home, entre outros.

Sem fim: a partir do século XXI

A **emoção** entra em cena para dar o tom da virada do milênio com a **computação afetiva** – máquinas que conseguem reconhecer e simular emoções humanas. Em 1999/2000, **Cynthia Breazeal** apresenta o seu robô **Kismet** em um experimento em computação afetiva no Massachussetts Institute of Technology (MIT). O *software* de inteligência social do robô, ou o seu sistema nervoso sintético (SNS), foi projetado com base em modelos humanos de comportamento inteligente.

Na linha de "humanização" das tecnologias, em 2000 a **Honda** lança o robô humanoide **ASIMO**, que, além de caminhar, possuía habilidades de reconhecimento de objetos em movimento, posturas, gestos (inclusive aperto de mão), ambiente ao redor, sons (até mesmo comandos de voz) e rostos. Ele também contava com sensores que auxiliavam em sua navegação autônoma. O seu desenvolvimento se iniciou em 1986 e foi descontinuado recentemente, direcionando o projeto para inovações de uso nas áreas de transporte e saúde, como no auxílio para caminhar.[22] A Figura 2.11 apresenta a evolução do ASIMO desde os primeiros protótipos.

Continuando a onda de humanizar robôs em outra vertente – **replicando humanos** –, em 2003 o laboratório de **Hiroshi Ishiguro**, na Universidade de Osaka, desenvolve a **Actroid**, um robô com aparência humana impressionantemente verossímil (Figura 2.12).

Nesse mesmo ano, **Jackrit Suthakorn** e **Gregory Chirikjian** constroem um **robô autônomo autorreplicante**,[23] ou seja, um robô capaz de montar outro robô funcional a partir de componentes passivos, de forma que o robô criado (a réplica) seja uma cópia exata do robô que o criou. O **impacto futuro** de sistemas autorreplicantes é **potencialmente enorme**, por exemplo, no cultivo de recursos energéticos e materiais no espaço sideral que usem instalações construídas por sistemas autorreplicantes.

---

22. Evolução do desenvolvimento do ASIMO e seus desdobramentos. Disponível em: https://global.honda/innovation/robotics/robot-development-history.html. Acesso em: 4 abr. 2022.
23. Disponível em: https://link.springer.com/chapter/10.1007/3-540-36268-1_35. Acesso em: 4 abr. 2022.

Figura 2.11 – Evolução do robô ASIMO desde o primeiro protótipo, em 1986, até a sua última versão, em 2018. Disponível em: https://www.therobotreport.com/honda-asimo-robot-discontinued/. Acesso em: 4 jun. 2024.

Figura 2.12 – Foto do robô Actroid. Disponível em: https://en.wikipedia.org/wiki/Actroid. Acesso em: 4 jun. 2024.

Cap. 2 · Inteligência Artificial: começo, meio e sem fim | 29

Outro marco importante desse período foi o lançamento, pela **Boston Dynamics**,[24] em 2005, de seu primeiro robô para uso militar, o quadrúpede **BigDog**. Desde então, a empresa tem criado robôs cada vez mais sofisticados e precisos, como o **Atlas** (2013) – que passou a realizar, inclusive, movimentos de *parkour* em 2018 (Figura 2.13) – e o **SpotMini** (2016), que se tornou estrela viral no YouTube. No canal da empresa, há vários vídeos de demonstração de seus robôs.[25]

Figura 2.13 – *Link* ou QR Code para o vídeo de demonstração do robô Atlas realizando *parkour*. Disponível em: https://youtu.be/LikxFZZO2sk. Acesso em: 4 jun. 2024.

Ainda no início do século, os algoritmos de *machine learning* ganham um novo aliado – em 2006, **Osamu Hasegawa**[26] apresenta a rede neural **SOINN** (*Self Organizing Incremental Neural Network*),[27] que possibilita a aprendizagem de máquina sem supervisão. Em 2011 (ver mais à frente), ele utiliza esse sistema para criar um robô que "**pensa**", ou seja, **resolve problemas inéditos, sem aprendizagem supervisionada**.

Do lado da robótica, um importante passo é dado em 2007 – o Laboratório de IA de **Stanford** divulga a criação do **ROS** (*Robot Operating System*), Sistema Operacional para Robôs: uma coleção de *frameworks* para desenvolvimento de *software* robótico.

Com o rápido progresso da tecnologia, os robôs começam a chegar no mercado consumidor. Em 2008, ocorre a primeira aparição pública do **Nao**, um **robô autônomo programável** – várias versões foram disponibilizadas desde 2008, inclusive a Edição Acadêmica, que tem sido usada para pesquisa

---

24. Empresa americana de engenharia e robótica fundada em 1992, como *spin-off* do MIT. Mais informações em: https://www.bostondynamics.com/. Acesso em: 4 abr. 2022.
25. Disponível em: https://www.youtube.com/user/BostonDynamics. Acesso em: 4 abr. 2022.
26. Disponível em: http://www.haselab.info/research-e.html. Acesso em: 4 abr. 2022.
27. Disponível em: http://web.cecs.pdx.edu/~mperkows/CLASS_VHDL_99/S2016/01.MEMRISTIVE_ARCHITECTURE/002.%20Hasegawa%20=%20ESOINN.pdf. Acesso em: 4 abr. 2022.

e educação em inúmeras instituições de ensino no mundo. O projeto se iniciou em 2004, com a comercialização do robô a partir de 2011, e é atualmente usado em mais de 50 países.

A partir de 2010, passamos a experimentar uma **aceleração no ritmo dos avanços tecnológicos** e da **disseminação** das tecnologias digitais na sociedade, impactando cada vez mais dimensões da humanidade, transformando comportamentos e suscitando reflexões estilo *Black Mirror*, série antológica britânica lançada em 2011.

Por isso, dedicaremos um capítulo separado para analisar a evolução da IA a partir de 2010, onde se inicia a sua aceleração, pavimentando o caminho para o que tende a ser a maior revolução cognitiva da humanidade. Vamos a ele.

CAPÍTULO 3
Da aceleração da IA à explosão da inteligência

Se no capítulo anterior percorremos do nascimento ao florescimento da Inteligência Artificial (IA), aqui partimos da sua aceleração a partir de 2010, transcendendo os laboratórios e ambientes de pesquisa para se tornar realidade na vida das pessoas, passando a contribuir também com soluções efetivas aplicadas na sociedade e no mercado. As melhorias significativas na capacidade computacional somadas à explosão na produção e acúmulo de dados digitais na primeira década do século XXI criaram as condições necessárias para que isso acontecesse.

A disseminação e a popularização da internet entre 2000 e 2010 propiciaram a infraestrutura para captação, criação e transmissão de dados, elemento essencial para a evolução da IA. Em 2011, vimos a ascensão dos *smartphones*, além da melhoria nas tecnologias relacionadas com IoT, expandindo de forma espetacular o alcance e o uso da infraestrutura digital – isso potencializa mais intensamente o universo de dados, um *dataverse* cada vez maior, que alimenta e alavanca as possibilidades para aprendizagem de máquina (*machine learning*[1]).

Aceleração da IA

Acontece em 2010 um dos fatos mais instigantes da história recente da IA, com o lançamento do robô humanoide **Bina48** (Figura 3.1), criado com o objetivo de ser um *mind clone* (clone mental), uma ciberconsciência idêntica à de uma pessoa – Bina Aspen Rothblatt. A executiva milionária das indústrias de telecomunicações e biotecnologia, **Martine Rothblatt**, havia comissionado a **Hanson Robotics**, em 2007, para criar o robô Bina48 com o objetivo de **transformar a condição humana por meio da imortalidade tecnológica**, ao fazer o *upload* da mente humana para um substrato artificial. Nesse sentido, Martine e Bina criaram o movimento trans-humanista **Terasem**, que prega a imortalidade por meio da tecnologia, com os **robôs sendo clones eternos dos seres humanos**. Na ficção, filmes como *Transcendence: a revolução* (2014) e as séries *Black Mirror* (episódio San Junipero, 2016) e *Altered Carbon* (2018)

---

1. Veremos a importância dos dados e como funciona a IA na Parte 2 deste livro.

exploram essa teoria. Desde que foi criado, Bina48 tem evoluído continuamente e se tornou **o primeiro robô a se formar em um curso de graduação**[2] (2017) e a **ministrar aulas em uma universidade**[3] (2018).

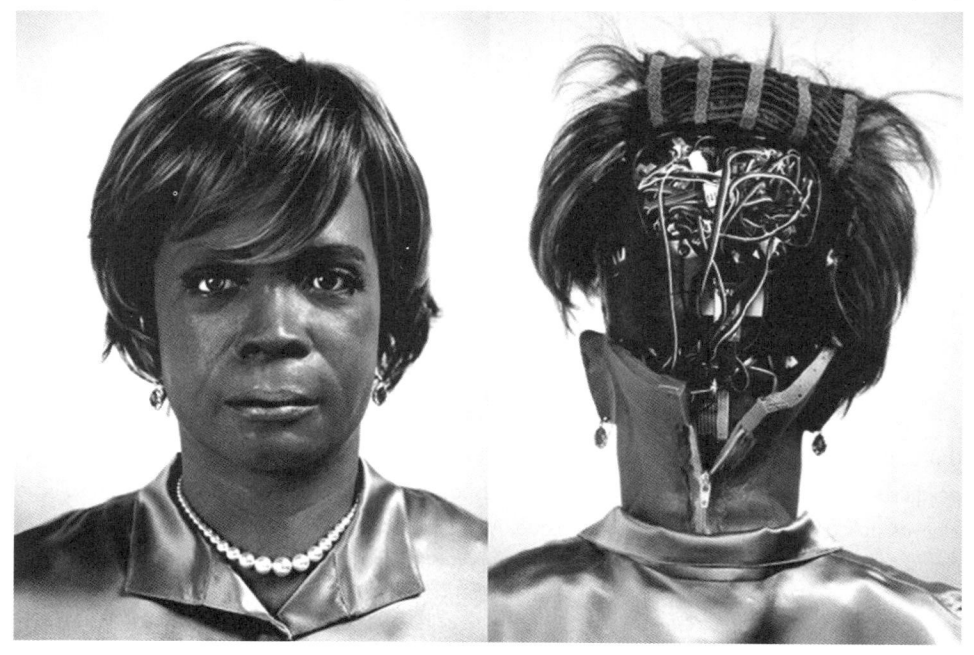

Figura 3.1 – Foto do robô humanoide Bina48. Disponível em: https://www.techtudo.com.br/listas/2018/10/oito-curiosidades-sobre-a-bina48-primeira-robo-a-dar-aula-em-universidade.ghtml. Acesso em: 4 jun. 2024.

Ainda em 2010, temos:

- a **Bolsa de Nova York** é **fechada** depois de uma **quebra trilionária** que envolvia transações algorítmicas.[4] O fenômeno, conhecido como *Flash Crash de 2010*, serviu como base para novas regulamentações para prevenir incidentes futuros semelhantes;

- **James Kuffner** cunha o termo *cloud robotics*, que passa a ser utilizado tanto para robôs que estão na nuvem (sem corpo físico) quanto para enxames de robôs, como *drones*;

- **Hiroshi Ishiguro** cria o seu **geminoide**, um robô que é seu "gêmeo" digital (Figura 3.2). Além da sua própria réplica, ele tem criado outros robôs no mesmo estilo, como a **Geminoid F** (2013) (Figura 3.3), réplica de uma mulher típica da Eurásia. Segundo Ishiguro, a criação de cópias de humanos permite compreender os humanos: "Precisamos compreender o que é se parecer

---

2. Disponível em: https://www.cnbc.com/2017/12/21/meet-the-robot-that-passed-a-college-class-on-philosophy-and-love.html. Acesso em: 4 abr. 2022.
3. Disponível em: https://www.dailymail.co.uk/sciencetech/article-6291261/Meet-roboprofessor-Bina48-teaches-philosophy-course-West-Point-military-academy.html. Acesso em: 4 abr. 2022.
4. Disponível em: https://www.theguardian.com/business/2015/apr/22/2010-flash-crash-new-york-stock-exchange-unfolded e https://en.wikipedia.org/wiki/2010_Flash_Crash. Acesso em: 4 abr. 2022.

com um humano, o que é um comportamento humano e o que são reações humanas".[5] Quanto à criação da Geminoid F, ela foi concebida para ser **acompanhante romântica**, inspirada no jogo *Love Play*, da Nintendo. Ishiguro argumenta que a cultura oriental é bastante distinta da ocidental no que se refere à aceitação de criaturas não humanas: "No Japão, acreditamos que tudo tem uma alma, portanto não hesitamos em criar robôs humanoides. Aceitamos facilmente esse tipo de nova criatura".[6]

Figura 3.2 – Foto de **Hiroshi Ishiguro** com o seu **geminoide**, um robô que é o seu gêmeo digital. Disponível em: https://motherboard.vice.com/en_us/article/jp5n73/the-man-building-robots-to-better-understand-humans. Acesso em: 4 jun. 2024.

Figura 3.3 – Foto do robô **Geminoid F**, uma geminoide inspirada no *videogame Love Plus*, da Nintendo, criada por Hiroshi Ishiguro para ser acompanhante romântica. Disponível em: https://www.smh.com.au/technology/no-more-lonely-nights-romantic-robots-get-the-look-of-love-20130327-2guj3.html. Acesso em: 4 jun. 2024.

O ano de 2011 traz outro capítulo emblemático do embate entre computadores e campeões humanos em jogos mentais – o sistema de IA **Watson**, da **IBM**, vence dois humanos no mais tradicional

---

5. Disponível em: https://spectrum.ieee.org/robotics/humanoids/hiroshi-ishiguro-the-man-who-made-a-copy-of-himself. Acesso em: 4 abr. 2022.
6. Disponível em: https://www.smh.com.au/technology/no-more-lonely-nights-romantic-robots-get-the-look-of-love-20130327-2guj3.html. Acesso em: 4 abr. 2022.

programa de perguntas e respostas da TV americana: o **Jeopardy**. Os adversários, Ken Jennings e Brad Rutter, eram os dois campeões de maior sucesso da história do programa.[7] Se as vitórias computacionais anteriores em jogos de tabuleiro (gamão e xadrez) foram demonstrações de que a máquina havia adquirido maestria **lógica**, essa vitória do Watson no Jeopardy mostra ao mundo que o **computador estava adquirindo proficiência na interação em linguagem natural** – as máquinas começam a entender a nossa linguagem. Isso representa um marco bastante significativo (e evolutivo) na relação homem-máquina, pois até então o ser humano "programava" e, assim, "falava" a língua das máquinas, e a partir de agora elas começam a falar a nossa. Essa tendência transformou profundamente as interfaces computacionais nos anos seguintes, alavancando as de voz, como Siri, Alexa etc.

Nesse mesmo ano, inaugura-se também a era dos **assistentes pessoais inteligentes** com o lançamento da primeira versão do assistente de voz da **Apple** – a **Siri** – integrada no sistema operacional iOS do iPhone 4S.

Machine learning não supervisionada passa a ganhar corpo, quando, ainda em 2011, **Osamu Hasegawa** desenvolve um **robô baseado em SOINN**,[8] que aprendeu funções para as quais não fora programado. Hasegawa desenvolveu um sistema inédito que permite que os robôs vejam o que está no ambiente ao redor deles e façam pesquisas na internet, o que lhes possibilita *"***pensar***"* **em como resolver um problema**.

Em 2015, é a vez de a **Amazon** entrar no mercado dos assistentes inteligentes com o lançamento da **Alexa**, um sistema assistente de voz doméstico capaz de realizar inúmeras funções por meio de interações de voz: tocar música, criar listas de pendências, tocar *podcasts*, *audiobooks*, fornecer previsão do tempo, notícias sobre trânsito, esportes e outras informações em tempo real. Atualmente, a Alexa é comercializada em várias versões e inclui funções de **integração com Internet das Coisas (IoT) para automação de ambientes**, além de receber comandos para pedidos de compra.

Com o rápido avanço das capacidades de IA disponibilizadas especialmente desde o início da década de 2010, cresce a preocupação da comunidade científica com a possibilidade de utilização da **IA para fins nocivos à humanidade**. Em julho de 2015, mais de 1.000 *experts* em IA assinaram uma carta de advertência sobre a **ameaça de uma corrida de armas em IA militar**, com pedido para **banir armas autônomas**. A ideia de treinar máquinas para tomarem uma decisão autônoma de matar terroristas é altamente sensível, pois esse tipo de "decisão" está intrinsecamente ligado a **questões éticas**. Como os robôs conseguiriam discernir pessoas boas das ruins? Esse movimento ativista – *Ban Lethal Autonomous Weapons*[9] – é apoiado por diversas organizações e cientistas de diversos países, reunindo notícias, abaixo-assinados e vídeos informativos sobre o assunto (Figura 3.4).

Em 2016, a **Google** entra no jogo dos assistentes inteligentes e lança o **Google Home**, o seu dispositivo assistente de voz (categorizado como *smart speaker*, como a Alexa, da Amazon), que utiliza

---

7. Disponível em: https://www.theguardian.com/technology/2011/feb/17/ibm-computer-watson-wins-jeopardy. Acesso em: 4 abr. 2022.
8. Disponível em: http://www.hurriyetdailynews.com/japanese-researcher-unveils-thinking-robot-6400. Acesso em: 4 abr. 2022.
9. Disponível em: https://autonomousweapons.org/. Acesso em: 4 abr. 2022.

o *software* **Google Assistant** para interagir com os inúmeros serviços oferecidos, tanto pela Google quanto por terceiros, integrados no sistema.

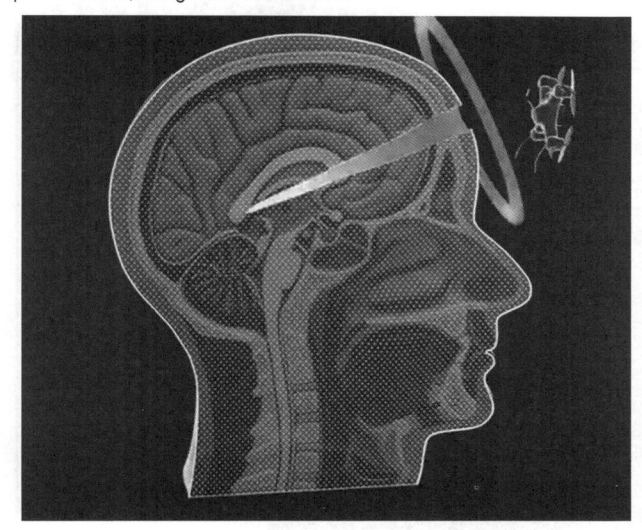

Figura 3.4 – *Link* ou QR Code para o vídeo "Porque deveríamos banir armas letais autônomas". Disponível em: https://youtu.be/LVwD-IZosJE. Acesso em: 4 jun. 2024.

Nesse mesmo ano, nasce, no SXSW,[10] lançado pela **Hanson Robotics**,[11] o robô humanoide **Sophia**, que se tornou uma **celebridade midiática global** nos anos seguintes, possuindo conta no Instagram, dando entrevistas, apresentando-se em conferências ao redor do planeta, atuando como garota-propaganda e modelo, e estrelando capas de revistas (Figura 3.5). O robô foi projetado para interagir socialmente – seu rosto foi modelado com as feições da atriz Audrey Hepburn e é capaz de realizar mais de 50 expressões faciais. Sophia foi o primeiro robô a possuir nacionalidade: em outubro de 2017, ela recebeu a cidadania da Arábia Saudita.[12]

Ainda nesse mesmo ano, a IA dá mais um passo e se aproxima da humanidade: a **Google** apresenta seus experimentos, demonstrando que **redes neurais artificiais** estão aprendendo a ser **criativas**, no processo explicado no *link* do vídeo disponível na Figura 3.6.

---

10. O SXSW – *South by Southwest* – é um festival anual e um conjunto de conferências que reúne filmes paralelos, mídia interativa, música etc. Desde o seu lançamento, em 1987, o evento tem crescido ano a ano e se tornou uma das maiores referências mundiais de eventos sobre cultura digital.
11. Disponível em: https://www.hansonrobotics.com/. Acesso em: 4 abr. 2022.
12. Disponível em: https://futurism.com/saudi-arabia-made-robot-citizen-calling-womens-rights. Disponível em: 4 abr. 2022.

Figura 3.5 – O robô humanoide Sophia estrelando a capa das revistas *Stylist* (jan. 2018) e *Cosmopolitan* (mar. 2018).

Figura 3.6 – *Link* ou QR Code para o vídeo do TEDxBCG apresentado pelo engenheiro da Google Blaise Aguera y Arcas, demonstrando como as redes neurais artificiais estão aprendendo a ser criativas, em maio de 2016. Disponível em: https://www.ted.com/talks/blaise_aguera_y_arcas_how_computers_are_learning_to_be_creative. Acesso em: 4 jun. 2024.

2016 é marcado com o surgimento da Neuralink,[13] empresa fundada por Elon Musk e formada por cientistas das áreas de neurociência, bioquímica e robótica, com o intuito de criar implantes cerebrais de IA para tratar doenças e posteriormente ampliar as capacidades humanas. A notícia recebida dividiu opiniões, entre entusiasmo e críticas. O primeiro implante Neuralink foi realizado em um macaco, em 2021, demonstrando o seu funcionamento jogando "Pong" de forma *wireless*. Os testes em seres humanos começariam alguns anos depois, em 2024.[14]

---

13. Disponível em: https://en.wikipedia.org/wiki/Neuralink. Acesso em: 10 abr. 2024.
14. Disponível em: https://www.npr.org/2024/01/30/1227850900/elon-musk-neuralink-implant-clinical-trial. Acesso em: 10 abr. 2024.

Em 2017, os avanços e os desafios humanos aumentam em paralelo:

- a **DeepMind**[15] cria sistemas de IA "imaginativos", que são capazes de criar e planejar;[16]
- um sistema de IA consegue **passar em testes de CAPTCHA**,[17] uma das mais usadas versões do teste de Turing;
- o reconhecimento facial por IA torna-se cada vez mais poderoso e controverso,[18] levantando questões de privacidade e ética;
- o *deepfake* entra oficialmente em cena quando um algoritmo de *machine learning* foi utilizado para colocar o rosto da atriz Gal Gadot (estrela de *Mulher-Maravilha*) em um vídeo pornográfico[19] – o processo foi batizado de ***fake porn***, criando uma reação de pânico na mídia mundial ao colocar foco na questão de como os *deepfakes* podem ser criados usando-se ferramentas *open-source* de *machine learning* disponíveis gratuitamente *on-line* para estudantes, pesquisadores e qualquer pessoa interessada na área. Se, por um lado, as implicações são aterrorizantes quando se pensa nas possibilidades que o *deepfake* pode criar em *fake news* (sendo o *fake porn* uma variação), por outro a mesma tecnologia também pode permitir o desenvolvimento de uma nova gama de aplicações com potencial educativo e social imensos. No ano seguinte, em 2018, durante uma ótima apresentação no TED 2018 o pesquisador Supasom Suwajanakom mostra como o *machine learning* consegue modelar e criar vídeos falsos de pessoas (Figura 3.7) com uma verossimilhança impressionante, discutindo a questão de como o *deepfake* pode ser usado tanto para o bem quanto para o mal. Em 2019, a mesma técnica foi utilizada para recriar o pintor surrealista **Salvador Dalí** em uma mostra em São Petersburgo, na Flórida, intitulada *Dalí Lives* (Figura 3.8).

Em 2020, a título de experimentação, criei um *deepfake* usando um vídeo meu e gerando as mesmas expressões e os mesmos movimentos em personagens fictícios, como os de *Game of Thrones*, além de estátuas, pinturas e fotos de indivíduos proeminentes do passado, como Sócrates, Winston Churchill e Frida Kahlo (Figura 3.9).

A partir de 2017, as inovações em IA e robótica passaram a ser tão numerosas e com uma frequência tão rápida que seria impossível relatá-las aqui, em uma única obra – as aplicações começam a se disseminar nas inúmeras verticais de negócios: Agro, Saúde, Finanças, Varejo, Marketing, Educação e Energia. Nesse cenário crescente de tecnologias inteligentes, a **China** ganha cada vez mais destaque como uma das grandes forças de IA do planeta, e, ao mesmo tempo, aumentam-se as preocupações com a segurança, a privacidade e os avanços éticos das tecnologias. Assim, em 2018, entrou em vigor, na Europa, o **GDPR** – Regulamento Geral sobre a Proteção de Dados –, que desencadeia a criação de leis dessa mesma natureza ao redor do planeta, como a **LGPD** (Lei Geral de Proteção de Dados Pessoais), que entrou em vigor no Brasil em agosto de 2020.

---

15. A DeepMind é uma empresa de IA britânica fundada em 2010 e comprada pela Google em 2014.
16. Disponível em: https://www.deepmind.com/blog/agents-that-imagine-and-plan e em: https://dxjournal.co/2017/09/deepmind-creates-imaginative-ai-that-can-create-and-plan/. Acesso em: 4 abr. 2022.
17. Disponível em: https://spectrum.ieee.org/artificial-intelligence-beats-captcha. Acesso em: 4 abr. 2022.
18. Disponível em: https://www.technologyreview.com/the-download/608832/facial-recognition-is-getting-incredibly-powerful-and-ever-more-controversial/. Acesso em: 4 abr. 2022.
19. Disponível em: https://www.vice.com/en_us/article/gydydm/gal-gadot-fake-ai-porn. Acesso em: 4 abr. 2022.

Figura 3.7 – *Link* ou QR Code para a imagem do TED 2018 apresentado pelo pesquisador Supasom Suwajanakom, mostrando como o *machine learning* consegue modelar e criar vídeos falsos de pessoas. Disponível em: https://www.ted.com/talks/supasorn_suwajanakorn_fake_videos_of_real_people_and_how_to_spot_them. Acesso em: 4 jun. 2024.

Figura 3.8 – Imagem da mostra *Dalí Lives* (Fonte: The Dalí Museum), com QR Code que linka para o seu vídeo explicativo. Disponível em: https://youtu.be/BIDaxl4xqJ4. Acesso em: 4 jun. 2024.

Figura 3.9 – *Link* ou QR Code para a imagem do vídeo criado com vários *deepfakes* gerados com base nos movimentos corporais de Martha Gabriel. Disponível em: https://www.instagram.com/reel/CGJBn88g90R/?igshid=kyhyn8qnz5xx. Acesso em: 4 jun. 2024.

Em 2018, acontece também o mais importante e significativo capítulo da **relação entre computadores e campeões humanos em jogos mentais** – a evolução do **AlphaGo**, sistema computacional da **Google DeepMind** que começou em 2015, quando derrotou por 4 a 1 o mestre de Go, **Lee Sedol**.[20] Em 2017, uma nova versão do sistema, o **AlphaGo Master**, derrota **Ke Jie**, o então jogador número 1 do *ranking* mundial de Go. Depois disso, a DeepMind descontinuou o AlphaGo. No mesmo ano, a empresa desenvolveu do zero o sistema **AlphaGo Zero**,[21] que, **em vez de aprender a jogar com humanos** (*machine*

---

20. Disponível em: https://ai.googleblog.com/2016/01/alphago-mastering-ancient-game-of-go.html. Acesso em: 4 abr. 2022.
21. Disponível em: https://www.deepmind.com/blog/alphago-zero-starting-from-scratch. Acesso em: 4 abr. 2022.
    Transcrevo, a seguir, o resumo do seguinte artigo publicado (Silver, David; Schrittwieser, Julian; Simonyan, Karen *et al*. Mastering the game of Go without human knowledge. *Rev. Nature*, v. 550, 2017. Disponível em: http://go.nature.com/2gPe6n9. Acesso em: 4 abr. 2022): "*A long-standing goal of artificial intelligence is an algorithm that learns, tabula rasa, superhuman proficiency in challenging domains. Recently, AlphaGo became the first program to defeat a world champion in the game of Go. The tree search in AlphaGo evaluated positions and selected moves using deep neural networks. These neural networks were trained by supervised learning from human expert moves, and by reinforcement learning from self-play. Here we introduce an algorithm based solely on reinforcement learning, without human data, guidance or domain knowledge beyond game rules. AlphaGo becomes its own teacher: a neural network is trained to predict AlphaGo's own move selections and also the winner of AlphaGo's games. This neural network improves the strength of the tree search, resulting in higher quality move selection and stronger self-play in the next iteration. Starting tabula rasa, our new program AlphaGo Zero achieved superhuman performance, winning 100-0 against previously published, campion-defeating AlphaGo*".

learning supervisionada), **aprendeu a jogar sozinho** (*machine learning* não supervisionada), utilizando apenas as regras do jogo como ponto de partida.

O resultado é impressionante: em apenas 70 horas de jogo, o sistema de IA adquiriu *performance* em um nível super-humano, vencendo de 100 a 0 o sistema AlphaGo (que havia derrotado o campeão humano em 2016). Esse é um **marco importantíssimo na história da IA**, pois um **sistema inteligente supera (em muito) o nível humano de maestria em algo, aprendendo sozinho**. Em 2018, a DeepMind lançou o **AlphaZero**, sucessor do AlphaGo Zero, usando a mesma abordagem para dominar não apenas o Go, mas também os jogos de xadrez e shogi. Hoje, o **AlphaZero é considerado o melhor jogador de Go e de xadrez do mundo**.

Levando em conta que:

1. o tempo total de **evolução de IA**, do zero até o estágio atual, levou aproximadamente apenas 7 décadas para acontecer – espaço de tempo equivalente à duração da vida de **um único indivíduo** humano;
2. o tempo de **evolução da humanidade** até aqui, desde a Pré-História, levou 200 mil anos, equivalendo a pelo menos **3 mil gerações de indivíduos humanos**;
3. o **Go** é considerado o **jogo mais difícil** que temos, com a possibilidade de mais jogadas do que a quantidade de átomos no universo.[22]

Portanto, podemos dizer que, no **espaço de tempo de uma vida humana apenas**, a **IA** evoluiu do zero ao domínio do jogo reconhecido como o **auge do pensamento estratégico**. E esse é apenas o começo da potencialidade evolutiva da IA, conforme veremos mais adiante neste livro.

Por isso, o AlphaZero é um marco extremamente significativo na nossa história compartilhada de evolução com a IA.

Outro fato histórico de 2018 acontece quando **Pepper**,[23] da **Middlesex University**, tornou-se o **primeiro robô a participar de uma sessão do Parlamento Inglês** – ele se apresentou e respondeu a perguntas sobre o **Caresses**, um projeto de IA focado em desenvolver robôs para auxiliar idosos[24] (Figura 3.10).

E 2018 não para por aí, trazendo outros importantes desenvolvimentos na área:

- A **Baidu** lança um dispositivo de IA que faz **tradução simultânea entre línguas** – veja a demonstração realizada durante o MIT EmTechDigital em março de 2018, disponível no *link* da Figura 3.11. Nessa mesma linha, também nesse ano é lançado o **Livio AI**,[25] o primeiro aparelho auditivo com IA, que faz tradução simultânea de conversas (em áudio e texto) para 27 idiomas e detecta quedas do seu usuário, enviando alerta para pedir ajuda.

---

22. Disponível em: https://en.wikipedia.org/wiki/Go_(game). Acesso em: 4 abr. 2022.
23. O robô **Pepper**, lançado em 2016, foi criado para detectar emoções e interações sociais, com foco de uso em atendimento de pessoas.
24. Disponível em: https://www.theguardian.com/technology/video/2018/oct/16/pepper-the-robot-answers-mps-questions-videos. Acesso em: 4 abr. 2022.
25. Disponível em: https://youtu.be/wNV35XcUSCk. Acesso em: 4 abr. 2022.

Figura 3.10 – *Link* ou QR Code para o vídeo do robô Pepper se apresentando no Parlamento Inglês em outubro de 2018. Disponível no *The Guardian*, em: https://www.theguardian.com/technology/video/2018/oct/16/pepper-the-robot-answers-mps-questions-videos. Acesso em: 4 jun. 2024.

Figura 3.11 – *Link* ou QR Code para o vídeo demonstrando o aparelho de tradução simultânea inglês/chinês realizada no MIT EmTechDigital 2018, gravado por Martha Gabriel. Disponível em: https://www.instagram.com/p/BgzciHXj85p/. Acesso em: 4 jun. 2024.

- A **China** cria um sistema de ***social score*** para seus cidadãos,[26] que passam a ser ranqueados conforme o seu "crédito social" (Figura 3.12). Esse sistema, anunciado em 2014, iniciou sua fase-piloto em 2018, buscando reforçar a ideia de que "manter a confiança é glorioso e quebrar a confiança é vergonhoso", conforme documento divulgado pelo governo chinês.

---

26. Disponível em: https://www.businessinsider.com/china-social-credit-system-punishments-and-rewards-explained-2018-4. Acesso em: 4 abr. 2022.

Figura 3.12 – *Link* ou QR Code para o vídeo explicativo sobre o *social score* na China. Disponível em: https://www.instagram.com/p/BrsUqabAKKB. Acesso em: 4 jun. 2024.

- As **interfaces computacionais inteligentes** tornam-se cada vez mais humanizadas, chegando, em alguns casos, a um nível de qualidade de processamento de linguagem natural que passa a ser **indistinguível de seres humanos** – o evento que marca esse momento é o Google I/O 2018, em uma demonstração que pode ser acessada pelo *link* que consta da Figura 3.13. A situação de as máquinas conversarem com humanos no mesmo nível de linguagem deu origem a inúmeras discussões sobre **questões éticas**, como: humanos deveriam ser informados de que estão conversando com máquinas?

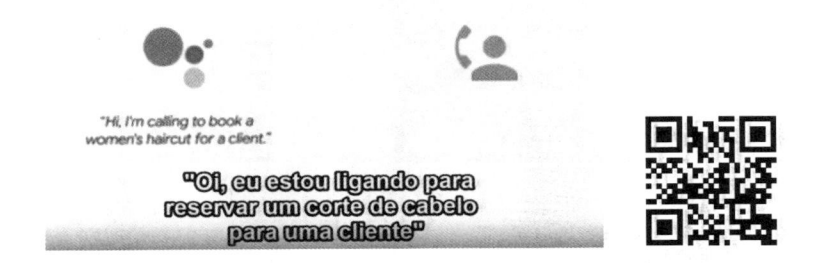

Figura 3.13 – *Link* ou QR Code para o vídeo explicativo sobre o *social score* na China. Disponível em: https://youtu.be/kNYhSCTZeQ0. Acesso em: 4 jun. 2024.

Silenciosamente, também em 2018, nasce a semente da tecnologia que cinco anos depois lançaria a IA para os holofotes da mídia mundial: os modelos de linguagem de transformadores pré-treinados generativos,[27]

---

27. Em inglês, *Generative Pre-treined Transformer (GPT) Language Models*.

o GPT (Figura 3.14). Criado pela OpenAI,[28] o GPT leva o desenvolvimento de IA para outro patamar, pois passa a ter a capacidade de **escrever diversos tipos de gêneros de textos – inclusive códigos de programação computacional** – com grande verossimilhança ao trabalho realizado por um ser humano. Devido à alimentação constante de referências textuais em sua base, o GPT foi tornando-se capaz de produzir conteúdos para as mais diversas áreas: da poesia ao jornalismo, do direito às ciências da computação, da tradução à resposta de perguntas, escrevendo textos com uma impressionante capacidade preditiva. Fornecendo apenas uma pequena quantidade de informação ao sistema, ele passa a conseguir, entre outras habilidades, criar e produzir respostas, sugestões, continuações e complementações. Do seu surgimento em diante, sua *performance* foi melhorando ao longo das novas versões, culminando com o lançamento do ChatGPT em 2022, que se tornou o gatilho para a popularização da IA, que veremos mais adiante.

2018 11 de junho	2019 14 de fevereiro	2020 28 de maio	2022 30 de novembro	2023 14 de março
GPT-1	**GPT-2**	**GPT-3**	**ChatGPT**	**GPT-4**
1ª versão do GPT é lançada.	2ª versão do GPT.	*Paper* sobre o GPT-3 é publicado, e a API torna-se pública e disponível em 18 de novembro 2024.	ChatGPT foi divulgado no *blog* da OpenAI.	GPT-4 é lançado via ChatGPT, inicialmente apenas em modo textual, e a partir de então passa a liberar atualizações constantes, expandindo suas funcionalidades.

Figura 3.14 – Evolução do GPT (*Generative Pre-trained Transformer Language Models*). Fonte: imagem criada pela autora, adaptada a partir de https://www.researchgate.net/figure/Evolution-of-GPT-Models-GPT-generative-pre-trained-transformer-API-application_fig1_369740160. Acesso em: 10 abr. 2024.

E a evolução continua a passos largos: 2019 trouxe a IA e os robôs cada vez mais para o cotidiano das pessoas, para o mercado consumidor e para a infraestrutura das organizações, tornando-se, silenciosamente, o **fio condutor das principais inovações no planeta**. Em paralelo, a preocupação com o futuro [da humanidade + máquinas] também cresce na mesma proporção – o começo do ano foi marcado com a questão no *workshop Roboethics: Humans, Machines and Health*, realizado em março no **Vaticano**.[29]

---

28. OpenAI é um laboratório de IA fundado e patrocinado por alguns dos mais relevantes no Vale do Silício, como Elon Musk, Peter Thiel (cofundador do PayPal) e Reid Hoffman (cofundador do LinkedIn). Mais informações em: https://en.wikipedia.org/wiki/OpenAI. Acesso em: 4 abr. 2022.
29. Disponível em: https://www.bbc.com/news/technology-47668476. Acesso em: 4 abr. 2022.

Em meio a tantos avanços anunciados e implementados em 2019, talvez o mais importante, e certamente um **marco histórico**, aconteceu quando a **Google AI** publicou, em outubro, um *paper* onde clama ter alcançado a **supremacia quântica**[30, 31] (Figura 3.15).

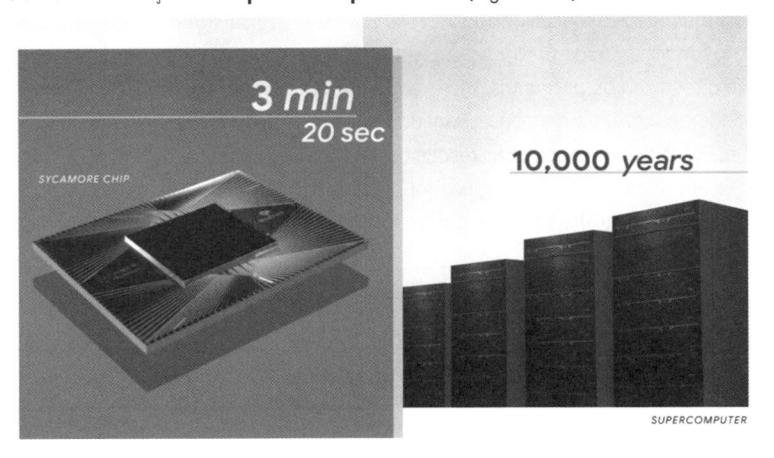

Figura 3.15 – *Link* ou QR Code para a imagem comparativa entre as *performances* de um computador quântico e tradicional e para o vídeo da Google AI anunciando a supremacia quântica. Disponível em: https://youtu.be/-ZNEzzDcllU. Acesso em: 4 jun. 2024.

Mais recentemente, em novembro de 2021, a computação quântica deu mais um salto com o computador Eagle, desenvolvido pela IBM[32] para Elon Musk (ver vídeo disponível na Figura 3.16), ultrapassando os 100-qubit com um processador quântico de 127 bits, que está sendo utilizado em aplicações de negócios das suas empresas, com índices de *performance* que ultrapassam de forma espetacular os supercomputadores tradicionais.

O computador quântico é um divisor de águas na história da computação, mas não deve substituir os computadores tradicionais – eles têm potencial para solucionar **problemas complexos além da capacidade da computação clássica** (binária), que seriam impossíveis de outro modo, como em criptografia, busca, problemas climáticos etc. O uso de IA combinado com a computação quântica traz um novo patamar de possibilidades inimagináveis de aplicações inteligentes.

Para pontuar e mostrar como a IA e a robótica estão saindo cada vez mais da ficção para se tornarem realidade, compartilho aqui a **minha própria experiência** durante o curso de viagens de trabalho ou férias, em três **momentos distintos entre 2019 e início de 2020: jogando tênis de mesa com um robô** na Feira de Hanôver, em abril de 2019 (Figura 3.17); tendo um ***drink* preparado totalmente**

---

30. Disponível em: https://www.nature.com/articles/s41586-019-1666-5/. Acesso em: 4 abr. 2022. Ver também a matéria publicada no *The Verge* sobre isso, em: https://www.theverge.com/2019/10/23/20928294/google-quantum-supremacy-sycamore-computer-qubit-milestone. Acesso em: 4 abr. 2022.
31. Supremacia quântica é a demonstração de que um dispositivo computacional quântico pode resolver um problema que computadores tradicionais praticamente não conseguem (isso independe da utilidade do problema). Uma ótima e didática explicação pode ser vista em: https://www.youtube.com/watch?v=9OU_SmKyfGI. Acesso em: 4 abr. 2022 (de 2018, antes da publicação do artigo da Google AI, considerando o cenário da época, quando ainda não havia sido atingido a supremacia quântica).
32. Disponível em: https://www.fastcompany.com/90697254/ibm-eagle-127-qubit-quantum-computer. Acesso em: 3 maio 2022.

Cap. 3 · Da aceleração da IA à explosão da inteligência | 45

por um robô em um cruzeiro (Figura 3.18); e usando um **tradutor universal em Mianmar**, ambas as ocasiões em janeiro de 2020 (Figura 3.19).

Figura 3.16 – *Link* ou QR Code para a imagem do vídeo sobre o computador quântico Eagle, da IBM, desenvolvido para Elon Musk. Disponível em: https://www.youtube.com/watch?v=hCGhMlwm5Pk. Acesso em: 4 jun. 2024.

Figura 3.17 – Martha Gabriel jogando tênis de mesa com um robô na Feira de Hanôver, em abril de 2019. Disponível em: https://www.instagram.com/p/Bv4IxMmgA7t. Acesso em: 4 jun. 2024.

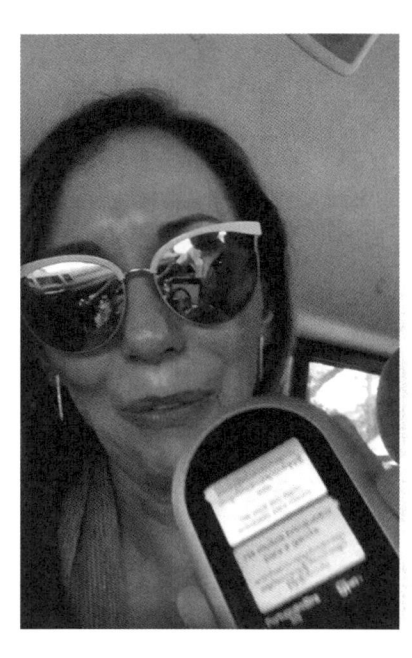

Figura 3.18 – Martha Gabriel usando o dispositivo Pocketalk em 1º de janeiro de 2020, que está traduzindo do birmanês para o português. Disponível em: https://www.instagram.com/tv/B6x9WZ0AP3A. Acesso em: 4 jun. 2024.

Figura 3.19 – Martha Gabriel no bar robótico do navio RCC Spectrum of the Seas, em janeiro de 2020. O robô prepara o *drink* de forma totalmente automatizada, gerando estatísticas diárias de consumo e preferência dos hóspedes. Disponível em: https://www.instagram.com/tv/B7EHN4PgKts. Acesso em: 4 jun. 2024.

O ano de 2020 inicia com o surgimento do primeiro robô biológico projetado por IA:[33] os "xenobots"[34] (Figura 3.20). Desenvolvido por cientistas da Universidade de Vermont, esse robô inaugura uma nova classe de artefatos, pois é um organismo vivo e programável. No ano seguinte, eles passariam também a se reproduzir.[35]

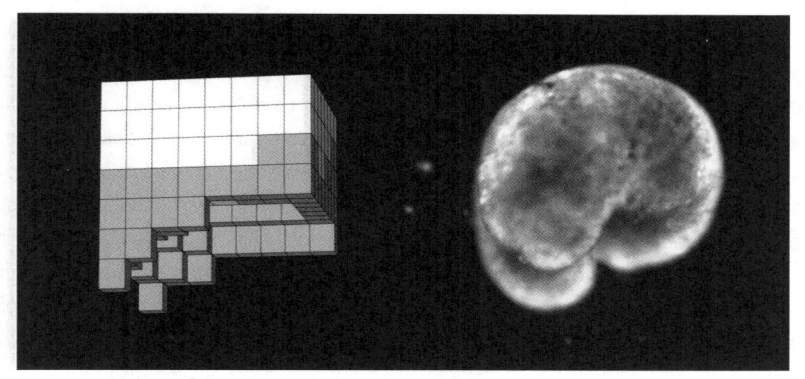

Figura 3.20 – Imagem do xenobot, organismo projetado por IA. Na esquerda, o modelo descoberto pelo método de busca computacional na simulação. Na direita, o organismo físico criado com base no modelo construído totalmente a partir de tecido biológico (pele de sapo e músculo do coração). Fonte: https://en.wikipedia.org/wiki/Xenobot#/media/File:A_xenobot_in_simulation_and_reality.png. Acesso em: 10 jun. 2024.

Se o ritmo de evolução tecnológica já vinha acelerado, a **pandemia de covid-19** impulsionou ainda mais as inovações digitais a partir de março de 2020, em função dos desafios que surgiram referentes ao distanciamento físico – uso crescente de robôs para evitar contato humano combinado com soluções inteligentes autônomas para otimizar processos anteriormente realizados por seres humanos (por exemplo, entregas de produtos, interação de triagem em hospitais e lugares públicos etc.).

Nesse turbilhão de aceleração digital que se alastrou pelo planeta, 2021 viu o lançamento da 3ª geração do modelo de processamento de linguagem natural (NLP) baseado em *machine learning*: o **GPT-3**[36] (ver Figura 3.14) e, na sua esteira, o nascimento do DALL-E,[37] sistema de IA baseado no GPT-3 capaz de criar imagens a partir de descrições textuais, que passaram a ser referenciadas como "prompts".

---

33. Disponível em: https://www.smithsonianmag.com/innovation/scientists-assemble-frog-stem-cells-first-living-machines-180973947/. Acesso em: 10 abr. 2024.
34. Disponível em: https://en.wikipedia.org/wiki/Xenobot. Acesso em: 10 abr. 2024.
35. Disponível em: https://www.smithsonianmag.com/smart-news/scientists-unveiled-the-worlds-first-living-robots-last-year-now-they-can-now-reproduce-180979150/. Acesso em: 10 abr. 2024.
36. GPT-3 é a sigla para Generative Pre-Training Transformer 3, modelo de geração de NLP.
37. Disponível em: https://pt.wikipedia.org/wiki/DALL-E. Acesso em: 10 abr. 2024.

ChatGPT & a democratização da IA

2023 deve entrar para a história como o ano da democratização da inteligência artificial, com o seu início marcado pela popularização fulminante[38] da ferramenta que tornou a IA acessível a todos e quaisquer indivíduos por meio de uma interface de conversação: o **chatGPT**.[39]

Quem experimentou **logo após o seu lançamento** sabe o porquê dessa explosão de interesse pelo ChatGPT. A sensação inicial em usá-lo era uma mistura de euforia e medo, característica típica das experiências de se deparar com algo **extraordinário** e, ao mesmo tempo, **desconhecido**: por um lado, parecia mágica – como já nos alertava Arthur C. Clark sobre as novas tecnologias em meados do século passado –, nos **encantando** e, provavelmente, **iludindo**; por outro lado, parecia **impossível**, como acontece com qualquer poder que não compreendemos minimamente, tendendo, assim, a nos **assustar**. Tem sido dessa forma ao longo da nossa evolução: primeiro foram o sol, os trovões e inúmeros outros fenômenos naturais, que por falta de compreensão foram endeusados por nossos antepassados. Agora, o fenômeno é artificial: a tecnologia.

Mesmo em estágio embrionário, em meio a um turbilhão de discussões éticas e questionamentos sobre o seu impacto na humanidade, vimos surgir uma corrida dos laboratórios de IA[40] ao redor do planeta. Na esteira do lançamento do chatGPT, houve uma rápida proliferação de soluções e produtos utilizando esse tipo de sistema[41] nas mais diversas áreas do conhecimento – marketing, artes, comunicação, educação etc. – e, consequentemente, nos mais variados tipos de **aplicações** que vão muito além do texto, como criação de imagens, músicas, *slides*, vídeos, roteiros, filmes, abrangendo cada vez mais formas de produção criativa de conteúdos. Isso causou uma agitação espetacular no ecossistema de desenvolvimento e utilização de IA ao longo de 2023, impactando praticamente todas as áreas do conhecimento.

Apesar de, em um primeiro momento, essas ferramentas já parecerem incríveis, isso era apenas a ponta do *iceberg* da **aceleração da inteligência no planeta**. A certeza de que teríamos desdobramentos poderosos nos anos seguintes tornava cada vez mais claro que a questão crucial em relação à IA não era apenas sobre o que ela **conseguiria** fazer, mas o que ela **deveria** ou **não** fazer. E, nesse contexto, **o que nós, seres humanos, podemos e devemos fazer conforme a IA evolui**.

IA 2.0: Explosão da inteligência & revolução cognitiva

Até 2023, o poder da IA era **restrito**, sendo desenvolvido e utilizado quase exclusivamente por empresas que produzem sistemas com fins específicos para os seus negócios – nesse contexto, os indivíduos tinham acesso a essa inteligência "apenas" como usuários secundários. Exemplos disso são os sistemas buscadores, como o Google, ou navegadores, como o Waze – eles utilizam há bastante tempo IA para aprender e melhorar os serviços que oferecem. Podemos chamar esse primeiro momento de IA 1.0, na qual os grandes ganhos de inteligência **ficavam predominantemente para as empresas**

---

38. Disponível em: https://chat.openai.com/. Tornou-se a tecnologia que alcançou 1 milhão de usuários mais rapidamente no mundo: em **apenas 5 dias** (https://www.statista.com/chart/29174/time-to-one-million-users/).
39. No lançamento, o ChatGPT utilizava a versão GPT 3.5, oferecida de forma gratuita, e interagia apenas na modalidade textual.
40. Disponível em: https://www.economist.com/business/2023/01/30/the-race-of-the-ai-labs-heats-up. Acesso em: 10 abr. 2024.
41. Esse tipo de sistema inteligente é a IA generativa, que ainda veremos neste livro.

e seus produtos/serviços, de forma muito parecida com o que acontecia com o poder da internet na era Web 1.0.

A grande diferença com a introdução, no mercado, de ferramentas como o chatGPT, é que sistemas inteligentes passaram também a estar **disponíveis diretamente aos indivíduos**, de **forma ampla e acessível**, expandindo o alcance e a propagação da IA. Nesse contexto, os ganhos de inteligência com a IA passam para o nível do usuário, como aconteceu na Web 2.0. Portanto, o chatGPT inaugura uma **nova fase de ampliação e disseminação de inteligência** no planeta: a IA 2.0. Isso foi o catalisador da euforia e do medo que testemunhamos por meio da mídia.

Com isso, estamos certamente vivendo a **aurora de uma nova era**, impulsionada pela forma mais poderosa de inteligência possível, a junção das inteligências humana e artificial: a **inteligência híbrida**, de modo que a inteligência humana é ampliada espetacularmente pela IA e vice-versa. Em meio a essa explosão da inteligência no planeta, na nossa jornada para esse futuro híbrido as nossas decisões – tanto como indivíduos quanto como humanidade – determinarão se estamos abrindo a caixa de Pandora ou se estamos criando uma nova Renascença, com o potencial de nos conduzir à **maior revolução cognitiva da humanidade**.

Por um lado, essa expansão de inteligência pode alavancar **ganhos de produtividade** dos indivíduos (e, consequentemente, das empresas) e possibilitar a **otimização de recursos**; por outro lado, ela também tende a **impactar as nossas vidas** de forma mais rápida e profunda do que qualquer tecnologia anterior, e essas novas implicações precisam ser consideradas.[42]

Esse futuro híbrido é o início de uma nova história, provavelmente um novo capítulo na nossa evolução que tende a redefinir o que significa ser humano. Por isso, é fundamental entender o que é a IA e como ela funciona, para garantirmos o melhor resultado possível em nossas vidas, conforme ela avança.

---

42. Sugiro a leitura do livro *Liderando o Futuro: visão, estratégia e habilidades*, que foca o desenvolvimento das competências humanas e de estratégias para navegar o cenário tecnológico que se estabelece, cada vez mais acelerado, incerto e complexo.

PARTE 2

INTELIGÊNCIA ARTIFICIAL: MENTE, CORPO E ALMA

Capítulo 4
Mente de IA – o que é Inteligência Artificial

Capítulo 5
Mente de Inteligência Artificial: como funciona

Capítulo 6
Corpos de Inteligência Artificial: robótica, biônica e cibernética

Capítulo 7
Alma de Inteligência Artificial: segurança, moral e ética

CAPÍTULO 4

Mente de IA – o que é Inteligência Artificial

Desde o momento em que o ser humano começou a projetar computadores, a Inteligência Artificial (IA) tem sido a última fronteira: ou seja, conseguir construir um ser artificial com as mesmas habilidades humanas.

A IA (e a robótica) povoa o imaginário humano há milênios, e seu nascimento acontece oficialmente no século passado (como discutido nos capítulos anteriores). No entanto, até recentemente a sua evolução foi lenta, com altos e baixos entre entusiasmos e decepções (Figura 4.1), até que o ritmo exponencial do crescimento tecnológico na última década impulsionou o seu avanço de forma espetacular, conduzindo-nos a um cenário no qual a criação de seres inteligentes artificiais se tornou, finalmente, realidade.

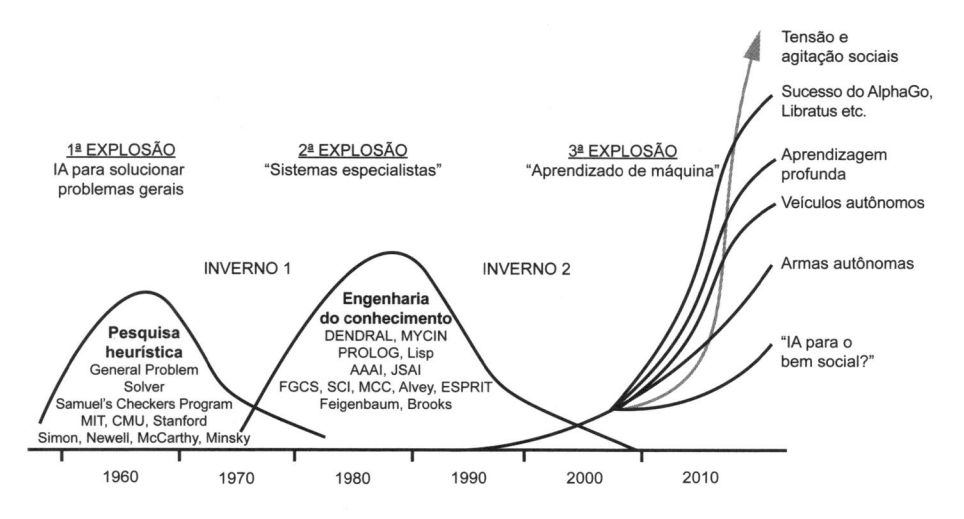

Figura 4.1 – As três ondas de explosão de IA. Disponível em: https://www.technologystories.org/ai-evolution/. Acesso em: 5 jun. 2024.

Esses novos seres, cada dia mais inseridos no nosso cotidiano, estão **transformando nossas vidas e o modo como nos relacionamos** não apenas com outros humanos, mas também com a própria tecnologia[1] – em todas as dimensões da nossa vida: finanças, educação, *design*, pesquisa, marketing, relacionamentos, entretenimento etc. No entanto, apesar de essa transformação ser um dos assuntos mais "quentes" da mídia nos últimos tempos, é muito comum acontecer confusão ao se referir a robôs, IA, *machine learning*, *bots*, superinteligência etc., como se fossem sinônimos. Esse desentendimento é um problema crítico na sociedade, porque limita e prejudica as discussões sobre IA, que são essenciais para o desenvolvimento da área que definirá a direção em que a humanidade evoluirá. Estamos todos no mesmo barco, e a IA são as águas nas quais estamos navegando, extremamente decisivas para o nosso futuro. Assim, compreender e atuar nesse caminho de evolução **deve ser, ao mesmo tempo, um direito e um dever de todo ser humano**. As incertezas sobre os impactos que as máquinas inteligentes terão na humanidade representam um imenso desafio – como elas afetarão a sociedade? Quais serão os impactos positivos e negativos no ser humano? Precisamos todos fazer parte da criação desse futuro.

O primeiro passo para poder lidar de forma lúcida, estratégica e inteligente com qualquer coisa – situação, ideias, problemas, oportunidades, doenças, pessoas, mercado, IA etc. – é definir e compreender essa coisa, para depois, em função disso, formar opinião e traçar cursos de ação. Assim, com vistas a contribuir para a melhor compreensão sobre a IA, de forma a fomentar essa discussão, este capítulo se propõe exclusivamente a apresentar os principais conceitos sobre o tema, da forma mais simples possível.

Considerando-se que IA é uma disciplina complexa e extensa, a qual envolve e depende de inúmeras outras áreas do conhecimento, discutiremos a seguir os seus fundamentos principais, começando pela própria inteligência.

Inteligência

Inteligência é um termo extremamente fácil de compreender, mas, ao mesmo tempo, é um campo altamente complexo e extremamente difícil de definir – tanto, que não existe uma única definição capaz de explicá-la.

No entanto, **inteligência**, no sentido amplo do conceito, é uma característica de **sistemas** – biológicos ou artificiais – que mede o nível de **efetividade**[2] na solução de problemas. A efetividade otimiza a solução por meio da gestão dos recursos necessários no processo, inclusive o tempo, que, quando otimizado, acelera o resultado. Sistemas inteligentes eventualmente precisam ser capazes também de se automodificar para aumentar sua eficiência no processo.

Para tanto, um sistema necessita fundamentalmente de quatro fatores estruturais para solucionar problemas de forma inteligente:

1. **capacidade de processamento** (para "pensar" o problema);
2. **dados** (que definem o problema);

---

1. Disponível em: https://www.economist.com/news/leaders/21713836-casting-magic-spell-it-lets-people-control-world-through-words-alone-how-voice e http://observer.com/2014/08/study-people-are-more-likely-to-open-up-to-a-talking-computer-than-a-human-therapist/. Acesso em: 5 abr. 2022.
2. Eficácia + eficiência.

3. **capacidade de aprendizagem** (memória para poder "lembrar" resultados anteriores e, a partir daí, repensar para melhorar o processo);

4. **capacidade de automodificação** (para aplicar as mudanças necessárias determinadas pela aprendizagem, de forma a melhorar o processo).

Quanto melhores forem esses fatores, mais **efetiva** (otimização de tempo e demais recursos) tende a ser a solução, e, portanto, mais **inteligente** tende a ser o sistema. Assim, defino inteligência como:

> **INTELIGÊNCIA** de um **SISTEMA** é a sua capacidade de
> **PROCESSAR** fluxos de **INFORMAÇÃO**, **APRENDER** e se **MODIFICAR**
> para **OTIMIZAR RESULTADOS**
> na **solução de problemas** ou para **alcançar objetivos** específicos

Sistemas que não possuem a capacidade de aprender ou de se automodificarem têm inteligência limitada, pois não conseguem evoluir.

No caso de um **sistema orgânico** (por exemplo, o ser humano), o dispositivo que possui capacidade de processamento e aprendizagem ("pensante") é o cérebro biológico, e os dados são capturados pelos sentidos (visão, audição, tato, paladar e olfato) e transportados para o cérebro pelo sistema nervoso. Ainda, tanto o cérebro quanto as partes do corpo humano têm a capacidade de se modificarem para melhorar resultados – o cérebro possui neuroplasticidade, e os nossos órgãos sofrem alterações conforme interagimos com o ambiente, como ginástica, alimentação etc. No caso de um **sistema artificial**, o dispositivo "pensante" costuma ser um computador (que eventualmente poderia, ou não, aprender e/ou se automodificar), e ele processa dados capturados das mais diversas maneiras – digitação, sensores (Internet das Coisas [IoT]) etc. Podemos pensar também em **sistemas híbridos** (biológico + digital), nos quais, por exemplo, o cérebro é de um ser orgânico, mas a captura de dados é feita por máquinas que o alimentam, como no caso de um ciborgue.

Portanto, **inteligência não é uma exclusividade de seres orgânicos**, como os seres humanos, mas uma característica de sistemas que possuem os elementos essenciais para *"pensar"*, *"aprender"* e *"evoluir"* – sejam eles orgânicos, sejam eles artificiais.

Outra questão importante quando se trata da inteligência de um sistema é compreender que o conceito *"inteligência"* é um **termo genérico** que se manifesta de diversas maneiras. No caso da inteligência humana, podemos destacar a teoria das **múltiplas inteligências de Gardner**, que apresenta nove áreas de aplicação de inteligência em um indivíduo (Figura 4.2). Note-se que uma pessoa pode ter graus de inteligência distintos em áreas totalmente diferentes, como ser altamente inteligente em relações interpessoais, mas não em matemática e em lógica – ou vice-versa.

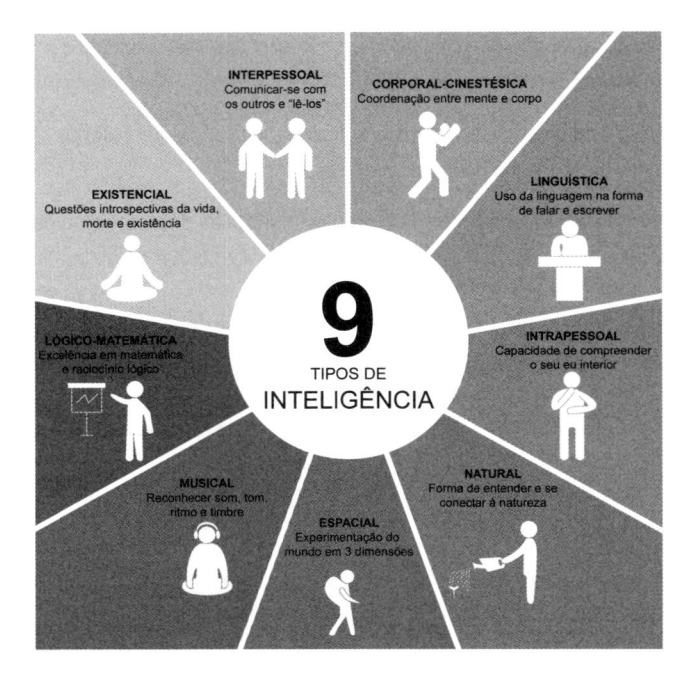

Figura 4.2 – As múltiplas inteligências de Gardner. Disponível em: https://communicatorz.com/2016/07/27/9-types-of-intelligence/. Acesso em: 5 abr. 2022.

Assim, o conceito "inteligência artificial" – da mesma forma que a inteligência orgânica biológica – também é um termo genérico que se manifesta de inúmeras formas distintas, compreendendo uma vasta gama de funcionalidades, conforme discutiremos a seguir.

Inteligência Artificial

Mais especificamente, é a área da Ciência da Computação que lida com o desenvolvimento de máquinas/computadores com **capacidade de imitar a inteligência humana**. Apesar de não conseguirmos definir exatamente o que é a inteligência humana, existe uma ampla concordância entre os pesquisadores sobre as habilidades que a inteligência precisa ter para ser considerada de nível humano, como: **raciocinar** (estratégia, solução de problemas, compreensão de ideias complexas e capacidade de tirar conclusões em ambientes com incerteza); **representar o conhecimento** (incluindo aquele de senso comum); **planejar, aprender, comunicar em linguagem natural; integrar todas essas habilidades para uma meta comum**; além de **sentir** (ver, ouvir etc.) e **ter a habilidade de agir** (determinar o movimento e a manipulação de objetos) no mundo, inclusive detectando e respondendo a ameaças. Além dessas habilidades, a capacidade de **imaginar** (habilidade de criar imagens e conceitos mentais que não foram programados) e **ter autonomia**. Tudo isso amplia a concepção de comportamentos inteligentes.

Nesse sentido, **IA** refere-se à capacidade das máquinas em imitar as funções da mente humana, fazendo com que os principais objetivos no desenvolvimento de IA, consequentemente, sejam dotar os computadores de características como:

- conhecimento;
- criatividade;

- raciocínio;
- solução de problemas complexos;
- percepção;
- aprendizagem;
- planejamento;
- comunicação em linguagem natural;
- habilidade de manipular e mover objetos;
- autonomia para tomada de decisão;
- entre outras habilidades que consideramos comportamento "inteligente".

O desenvolvimento de máquinas pensantes, portanto, abriga inúmeras disciplinas debaixo do guarda-chuva do termo IA, que, assim, se relaciona com todas as áreas do conhecimento usadas no estudo da inteligência, além de métodos, algoritmos e técnicas que possam tornar um *software/hardware* inteligente no sentido humano da palavra. Inclui, por exemplo, **visão computacional**, **processamento de linguagem natural**, **robótica** e tópicos relacionados. Além das disciplinas relacionadas ao desenvolvimento de IA em si, existem ainda sobreposições e diálogos com outros campos essenciais para balizar o seu direcionamento e sua convivência com outras formas de inteligência, como a humana (Figura 4.3).

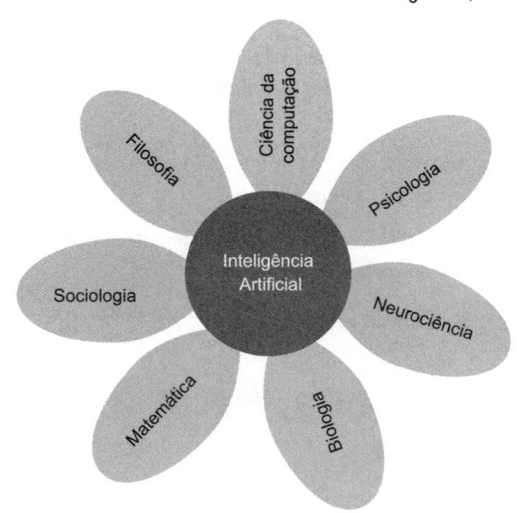

Figura 4.3 – Áreas relacionadas com o desenvolvimento de IA. Disponível em: http://www.geeksforgeeks.org/artificial-intelligence-an-introduction/. Acesso em: 5 jun. 2024.

Nesse sentido, a IA – tal como a inteligência humana – é um assunto complexo e multi-intertransdisciplinar que dialoga potencialmente com todas as áreas do conhecimento, como filosofia, sociologia, psicologia, educação, economia, direito etc., que vão muito além do escopo deste livro. Nossa intenção aqui é focar mais especificamente as áreas relacionadas com o desenvolvimento de aplicações de IA, discutindo o seu *big picture*, em que inúmeros campos das Ciências da Informação e Computação se sobrepõem, como mostrado na Figura 4.4. Para tanto, usaremos a linguagem menos técnica e mais simples possível, mas sem ser simplória, para apresentar como essas partes principais se encaixam.

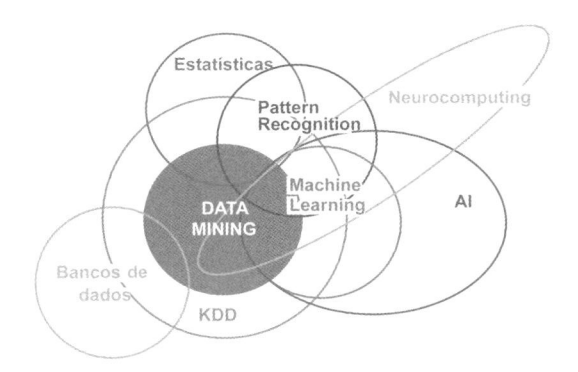

Figura 4.4 – Áreas relacionadas com o desenvolvimento de IA. Disponível em: http://www.geeksforgeeks.org/artificial-intelligence-an-introduction/. Acesso em: 5 jun. 2024.

Para tanto, discutiremos a seguir:

- **Níveis evolutivos de IA** – classificação dos sistemas de IA em função do tipo de inteligência que possuem: **IA Limitada** (ANI – *Artificial Narrow Intelligence*), **IA Geral** (AGI – *Artificial General Intelligence*) e **Superinteligência Artificial** (ASI – *Artificial Superintelligence*).

No próximo capítulo, veremos como a IA funciona:

- **Modelos e métodos de desenvolvimento de IA** – metodologias e algoritmos para o desenvolvimento e a aplicação de IA: *Machine Learning*, *Deep Learning*, *Data Mining*, **Redes Neurais Artificiais** etc.

E, na sequência, passaremos a analisar as formas pelas quais a IA pode se manifestar no mundo, ou seja, em corpos artificiais físicos ou virtuais:

- **Robótica (corpos de IA)** – relação da IA com suas manifestações físicas (ou não): *bots*, **robôs**, **androides, ginoides** e **ciborgues**.

Comecemos, então, pelos níveis de IA.

Níveis de IA: estreita, geral e superinteligência

As categorizações dos níveis de IA nos auxiliam a compreender o grau de inteligência de um sistema, que vai desde o mais restrito, realizando apenas uma única função, até a superinteligência, a qual ultrapassaria a inteligência humana atual. Assim, em função do seu nível de inteligência, qualquer produto de IA pode ser classificado em alguma das categorias a seguir.

Inteligência Artificial Limitada (ANI)

Conhecida também como "IA Fraca"[3] (*Weak AI*), é o tipo mais básico de IA **especializado em apenas uma área**. Esses sistemas inteligentes são capazes de lidar com uma quantidade imensa de dados e fazer cálculos complexos muito rapidamente, mas somente tendo um único objetivo: é o tipo de IA que

---

3. A classificação da IA como forte ou fraca foi apresentada pela primeira vez nos anos 1980 pelo filósofo e escritor norte-americano John Searle. Disponível em: http://ai.stanford.edu/~nilsson/OnlinePubs-Nils/General%20Essays/AIMag26-04-HLAI.pdf. Acesso em: 5 abr. 2022.

consegue vencer tão somente um campeão de xadrez. Se você pedir para ela fazer qualquer outra coisa, como filtrar *spam* ou jogar damas, ela não saberá. O mesmo acontece com sistemas de IA em carros autônomos, IA de reconhecimento facial etc. – são aplicações extremamente focadas, direcionadas para terem o máximo de *performance* com apenas um objetivo. **Esse é o tipo de IA disponível atualmente** (que se utiliza de diversos métodos e algoritmos, conforme Redes Neurais, *Deep Learning* etc., como veremos mais à frente). No entanto, ainda dentro dessa categoria (ANI), temos uma subdivisão importante, referente ao nível de consciência que a IA pode ter.

Máquinas reativas

Essa é a classe mais simples de sistemas de IA, que são puramente reativos e não têm habilidades para criar memórias nem utilizar experiências passadas para fundamentar uma decisão. Um exemplo disso é o Deep Blue, da IBM, supercomputador de xadrez que derrotou um dos maiores campeões de todos os tempos, Garry Kasparov, em 1997, ou o AlphaGo, da Google DeepMind, que venceu, em 2015, os campeões europeus de Go.[4]

Memória limitada

Essa classe contém máquinas que conseguem olhar para o passado (memória) para fundamentar a decisão atual. Os carros autônomos já fazem um pouco disso atualmente: eles observam a velocidade e a direção dos outros carros para decidir o que fazer, e isso não pode ser feito em apenas um momento, pois requer identificação de objetos específicos e monitoramento ao longo do tempo.

Considerando o nível atual de IA, apresento na imagem da Figura 4.5 as **principais forças da IA** no **presente momento**, enfatizando as suas diferenças em relação à inteligência humana.

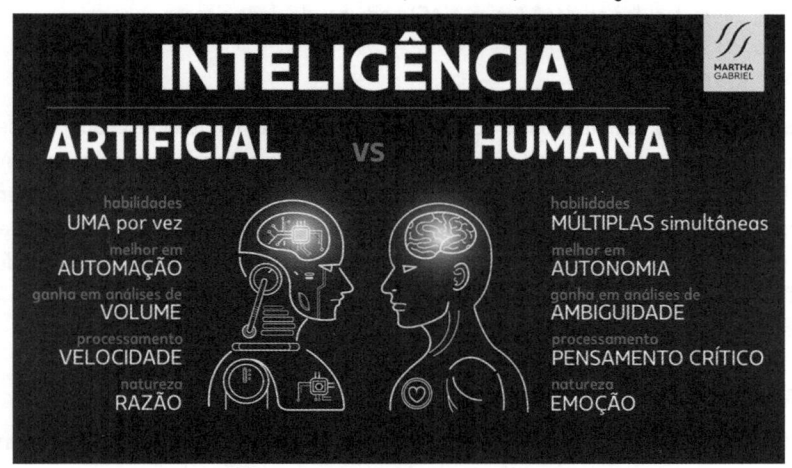

Figura 4.5 – Principais forças das inteligências artificial e humana. Fonte: imagem criada pela autora, disponível no artigo em: https://www.linkedin.com/pulse/intelig%C3%AAncia-artificial-vs-humana-porque-together-martha-gabriel-phd/. Acesso em: 5 jun. 2024.

Note-se que uma característica bastante importante relacionada à inteligência é a **autonomia** – autônomo é **aquele que estabelece as suas próprias leis** ou age de acordo com a sua vontade. Seres

---

4. Disponível em: https://ai.googleblog.com/2016/01/alphago-mastering-ancient-game-of-go.html. Acesso em: 4 abr. 2022.

humanos normalmente possuem um nível elevado de autonomia, mesmo quando não agem de forma inteligente (por exemplo, quando alguém bebe antes de dirigir, gerando riscos de causar acidentes, essa pessoa está usando muita autonomia e pouca inteligência). Já os seres artificiais atuais tendem a ter um nível limitado (ou nulo) de autonomia, mesmo quando são altamente inteligentes (caso dos sistemas que jogam xadrez: eles conseguem vencer campeões humanos, mas não conseguem fazer nada fora das regras do jogo, por exemplo). A evolução da IA abrange também a ampliação da sua autonomia, inclusive no mundo físico, por meio dos robôs.

Inteligência Artificial Geral (AGI)

Conhecida também como "IA forte"[5] (*Strong AI*) ou "IA nível humano" (*Human Level AI*), refere-se a um computador que é **tão inteligente quanto um humano**, em um leque enorme de habilidades (e não apenas em uma, como no caso da ANI) – é uma máquina com a mesma capacidade intelectual de um ser humano, podendo realizar qualquer atividade inteligente dominada pelo homem. Esse é o tipo de IA que passa facilmente no teste de Turing, mas é muito mais difícil de criar do que as IA da categoria ANI – **ainda não chegamos lá**. Já existem computadores que exibem muitas dessas capacidades (criatividade computacional, razão automatizada, sistema de suporte a decisões, movimentação e manipulação do ambiente por meio de corpos robóticos, computação evolucionária, agentes inteligentes etc.), mas **não combinadas ainda nos níveis humanos**.

Em termos de consciência, as AGIs são máquinas que se relacionam com a **teoria da mente**, ou seja, com a habilidade de atribuir estados mentais (crenças, intenções, desejos, fingimento, conhecimento etc.) para si e para os outros, e compreender que as outras pessoas têm crenças, desejos, intenções e perspectivas diferentes dos nossos.[6] Assim, a AGI pode ser de duas classes.

Máquinas cientes

Classe de mentes computacionais que não apenas "enxergam" o mundo (criam representações), mas também **conseguem "perceber" outros agentes ou outras entidades** – elas compreendem que as pessoas, as criaturas e os objetos no mundo podem ter pensamentos e emoções **que precisam ser considerados para ajustar o seu próprio comportamento** (ciência). Essas habilidades são essenciais para permitirem interações sociais, e foi a partir delas que os humanos formaram sociedades – seria muito difícil, ou mesmo impossível, trabalharmos juntos sem compreender as motivações e intenções uns dos outros, e sem considerar o que o outro sabe sobre si e o ambiente.[7]

Máquinas autoconscientes[8]

Essa classe de sistemas de IA vai além na teoria da mente, alcançando a "**autoconsciência**". Em outras palavras, essas máquinas têm consciência não só sobre o exterior, mas também **sobre si**. Essa é uma grande diferença em relação a ter ciência apenas do que está do lado de fora – **seres**

---

5. A classificação da IA como forte ou fraca foi apresentada pela primeira vez nos anos 1980 pelo filósofo e escritor norte-americano John Searle. Disponível em: http://ai.stanford.edu/~nilsson/OnlinePubs-Nils/General%20Essays/AIMag26-04-HLAI.pdf. Acesso em: 5 abr. 2022.
6. Por estar relacionado à teoria da mente, esse tipo de IA, além de ser chamado de IA nível humano e IA forte, também recebe o nome de *Sentient Computer*, ou Máquina Consciente.
7. Disponível em: https://theconversation.com/understanding-the-four-types-of-ai-from-reactive-robots-to-self-aware-beings-67616. Acesso em: 5 abr. 2022.
8. Também chamadas de Máquinas Conscientes ou, em inglês, *Sentient Machines*.

autoconscientes conhecem o estado interno e são capazes de prever os sentimentos dos outros. Por exemplo, pressupomos que alguém chorando está triste porque, quando estamos nesse estado, fazemos isso. Da mesma forma que a inteligência, a **consciência** é algo difícil de definir, mas fácil de reconhecer.

Superinteligência (ASI)[9]

Apesar de o termo "superinteligência" ter sido definido mais recentemente pelo filósofo sueco Nick Bostron (2003, p. 12-17) como "um intelecto que é muito mais inteligente do que o melhor cérebro humano em praticamente todas as áreas, incluindo criatividade científica, conhecimentos gerais e habilidades sociais", esse conceito já existe, como vimos na primeira parte deste livro, pelo menos desde a década de 1960, descrito pelo matemático Irving John Good como "ultrainteligência". A superinteligência artificial abrange um leque que varia desde um computador um pouco mais inteligente que um ser humano, até um computador que é milhões de vezes mais inteligente em todas as capacidades intelectuais do que o homem. É sobre esse tipo hipotético de IA que se concentram as principais discussões atuais, pois é dessa área que vêm as notícias mais promissoras e ao mesmo tempo assustadoras para o futuro da humanidade: a imortalidade ou a extinção dela.

Para efeito comparativo, a Figura 4.6 apresenta a relação evolutiva entre os três tipos de IA.

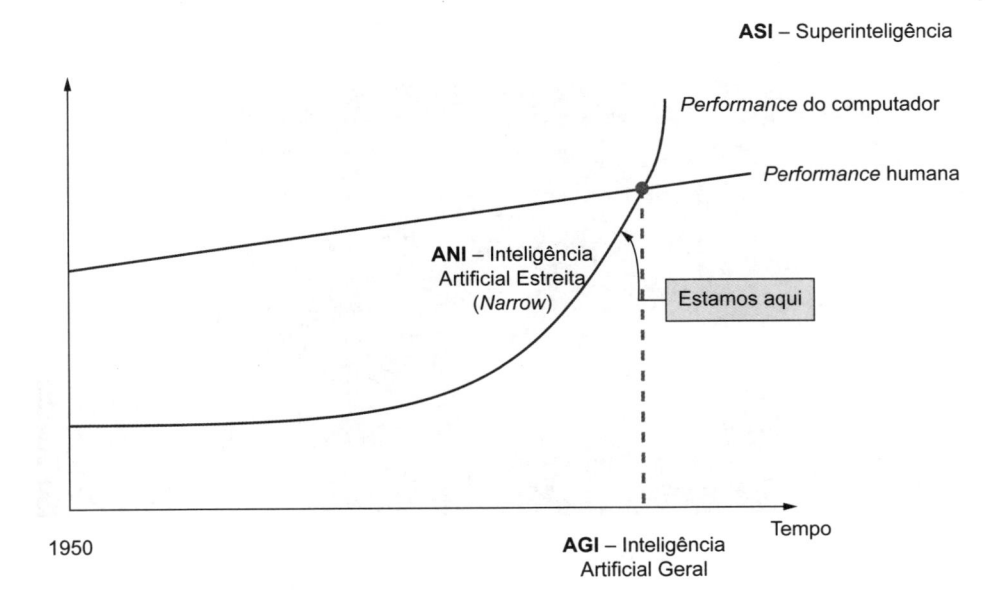

Figura 4.6 – Evolução das inteligências humana e artificial. Fonte: elaborada pela autora com base na linha do tempo de desenvolvimento da IA e predições do Fórum Econômico Mundial. Disponível em: https://www.weforum.org/agenda/2017/07/how-long-before-a-robot-takes-your-job-here-s-when-ai-experts-think-it-will-happen/. Acesso em: 5 jun. 2024.

---

9. Muitas vezes, a superinteligência não é considerada um tipo de IA, mas um novo tipo de ser. No entanto, penso ser adequado agrupá-la com as classificações de IA que se comparam com a inteligência humana, dado que a superinteligência é o próximo passo da IA.

Singularidade tecnológica

A partir do momento que a IA atingir o nível humano, entraremos em um estágio de evolução batizado de "**singularidade**" – o termo surgiu em 1955 (como vimos na primeira parte deste livro), definido pelo matemático húngaro John von Neumann (argumentando que as tecnologias poderiam chegar a um ponto além do qual os assuntos humanos, da forma como os conhecemos, não poderiam continuar a existir), ampliado por Irving John Good (que associa a explosão da inteligência como gatilho para a singularidade tecnológica) e popularizado por Vernor Vinge, em seu artigo *A chegada da singularidade tecnológica*, em 1993.[10] O conceito de singularidade tecnológica foi inspirado na teoria da singularidade da matemática/física, que descreve o ponto no qual uma função deixa de se comportar da forma prevista – igual ao que acontece especialmente no tempo-espaço, quando a matéria torna-se infinitamente densa, tal como no centro de um buraco negro. Em situações de singularidade, as **regras são completamente alteradas**, funcionando como uma **ruptura**. A partir da singularidade tecnológica, deve acontecer uma **explosão de inteligência no planeta**, pois a IA poderá criar seres digitais cada vez mais inteligentes, de maneira cada vez mais rápida,[11] causando, assim, uma ruptura evolutiva em relação à era anterior de evolução da humanidade.

A título de ilustração, recomendo assistir ao TED Talk cujo *link* consta da Figura 4.7, apresentado pelo filósofo e neurocientista Sam Harris, no qual ele discute qual seria o cenário evolutivo quando atingirmos a singularidade tecnológica.

Figura 4.7 – *Link* ou QR Code para a imagem do TED Talk "É possível construir inteligência artificial sem perder o controle?", apresentado por Sam Harris. Disponível em: https://www.ted.com/talks/sam_harris_can_we_build_ai_without_losing_control_over_it?language=pt-br. Acesso em: 5 jun. 2024.

---

10. Disponível em: https://manybooks.net/titles/vingevother05singularity.html. Acesso em: 5 maio 2022.
11. Lei do Retorno Acelerado – A teoria das mudanças aceleradas refere-se ao aumento na taxa de inovação progredindo ao longo da história e provocando uma mudança mais rápida e mais profunda a cada ciclo de inovação. Embora muitos tenham sugerido mudança acelerada, a sua popularidade nos tempos modernos está intimamente associada com as reflexões de Ray Kurzweil sobre a singularidade tecnológica.

Cap. 4 • Mente de IA – o que é Inteligência Artificial | 63

Nesse processo evolutivo, a questão emergente é **"Quão longe estamos da singularidade tecnológica?"** ou "Quando teremos uma IA no nível humano convivendo conosco?". Bem, previsões são complicadas, pois normalmente não se tem a visão do topo da escada até que se suba degrau por degrau – mas os indícios do ritmo de evolução nos ajudam a configurar cenários futuros possíveis, e isso é bastante importante, não apenas para vislumbrarmos aonde estamos indo, mas também, e principalmente, para podermos **criar o melhor futuro** e nos **prepararmos** para ele. Várias correntes científicas na última década estimavam que a singularidade tecnológica deveria acontecer em algum momento até **2060**.[12] Após a popularização do ChatGPT em 2023 e subsequentes avanços acelerados na área a partir de então, as estimativas para a IA alcançar o nível humano tornaram-se mais otimistas, aproximando-se de 2030,[13] e convergindo, assim, para a previsão que Ray Kurzweil faz em seu livro, *The Singularity is Near*: em 2005, dizia que a IA iria ultrapassar a inteligência humana e suplantar o Teste de Turing em 2029, de forma que até 2045 os seres humanos se fundiriam com a IA que criaram, gerando o fenômeno da singularidade.

No entanto, independentemente de quando isso acontecerá exatamente – daqui a 5, 10 ou 40 anos –, o importante é que saibamos que **provavelmente se dará em um futuro próximo**. Dessa forma, poderemos **nos preparar e determinar o nosso melhor caminho, misturando-nos com as máquinas** e subindo juntos a escada da evolução.

Sabendo onde estamos e vislumbrando os próximos caminhos evolutivos da IA, no próximo capítulo vamos focar o funcionamento dela.

---

12. Disponível em: https://en.wikipedia.org/wiki/Technological_singularity, https://en.wikipedia.org/wiki/The_Singularity_Is_Near#:~:text=The%20singularity%20is%20also%20the,human%20capability%E2%80%94as%202045%22 e https://www.weforum.org/agenda/2017/06/th. Acesso em: 10 abr. 2024.
13. Disponível em: https://www.diamandis.com/blog/age-of-abundance-30-human-level-ai. Acesso em: 10 abr. 2024.

CAPÍTULO 5
Mente de Inteligência Artificial: como funciona

Como discutido no capítulo anterior, as habilidades humanas mais comuns que se espera que a Inteligência Artificial (IA) desempenhe são: raciocinar, planejar, imaginar, enxergar e compreender-criar-conversar em linguagem natural – representadas nas funções apresentadas na Figura 5.1.

VISÃO Computacional
Como reconhecer objetos e o ambiente

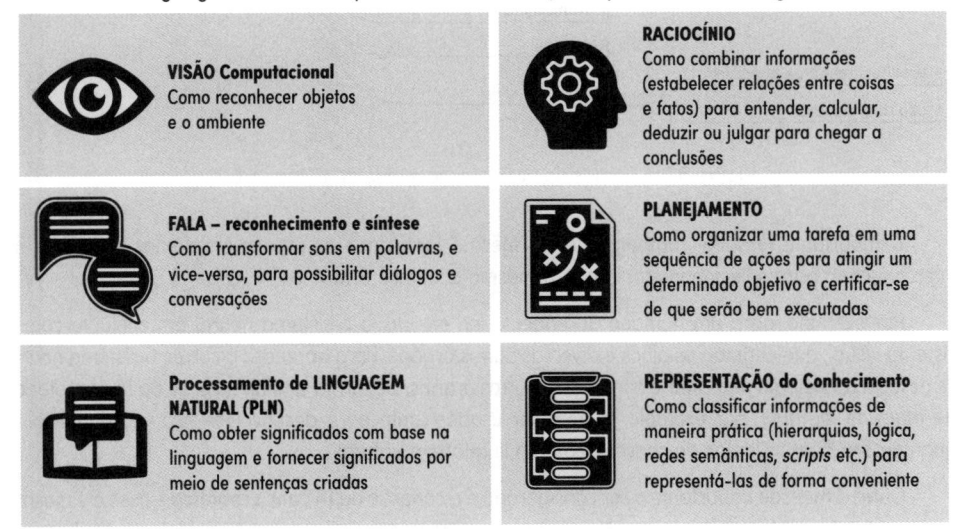

RACIOCÍNIO
Como combinar informações (estabelecer relações entre coisas e fatos) para entender, calcular, deduzir ou julgar para chegar a conclusões

FALA – reconhecimento e síntese
Como transformar sons em palavras, e vice-versa, para possibilitar diálogos e conversações

PLANEJAMENTO
Como organizar uma tarefa em uma sequência de ações para atingir um determinado objetivo e certificar-se de que serão bem executadas

Processamento de LINGUAGEM NATURAL (PLN)
Como obter significados com base na linguagem e fornecer significados por meio de sentenças criadas

REPRESENTAÇÃO do Conhecimento
Como classificar informações de maneira prática (hierarquias, lógica, redes semânticas, *scripts* etc.) para representá-las de forma conveniente

Figura 5.1 – Funções mais comuns que se espera que a IA desempenhe. Fonte: elaborada pela autora.

No entanto, da mesma forma que a **inteligência humana** utiliza diversos órgãos e sistemas (como o sistema nervoso ou o sistema neural) conectados para conseguir realizar essas funções – memória, raciocínio, aprendizagem, solução de problemas, percepção, linguística, sentidos, locomoção etc. –, a **IA**, por sua vez, também lança mão de diversos tipos de *software* (**métodos** e **algoritmos** equivalentes aos sistemas biológicos de processamento) e **hardware** (como a robótica, a qual funciona como os órgãos biológicos que captam dados e atuam fisicamente no mundo) para desempenhar suas funções e habilidades.

Assim, quando um algoritmo de IA executa uma função específica como parte da IA, ele pode utilizar outros sistemas e órgãos artificiais, do mesmo modo que ocorre na inteligência humana na relação olho/visão ou neurônios/pensamento.

Nesse sentido, a Figura 5.2 apresenta as principais habilidades de IA em desenvolvimento e evolução na busca de imitar e desempenhar cada vez melhor as habilidades humanas, representadas a seguir.

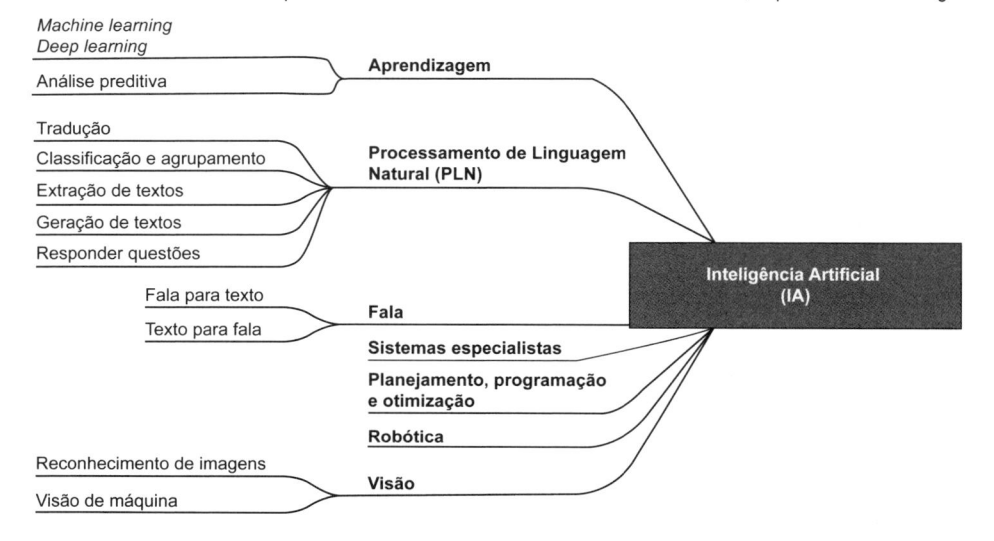

Figura 5.2 – Ramos da IA. Fonte: adaptada de Gabriel (2017).

É importante ressaltar também que, da mesma forma que os órgãos e sistemas biológicos se interconectam para solucionar problemas, o mesmo acontece com a IA.

Por exemplo, para um humano aprender a ler, ele utiliza o sistema neural em conjunto com o sistema visual, que engloba os olhos e diversos outros órgãos. Para aprender a correr, o sistema neural se associa ao sistema muscular e a inúmeros outros órgãos. De forma similar, no caso da IA os métodos de *machine learning*, por exemplo, podem ser usados tanto para desenvolver visão computacional quanto para criar sistemas de conversação em linguagem natural.

Outra dimensão importante a ser considerada é a conexão da **IA com a robótica** – esse é o mesmo tipo de relação existente entre a **mente e o corpo humanos**: nossa mente precisa do corpo (incluindo o cérebro físico) para "sentir" (visão, olfato, paladar, tato e audição), "processar" (pensamento) e "atuar" no mundo, e todas essas funções acontecem em conjunto entre corpo e mente para perceber, agir, receber *feedback* e ajustar a próxima ação.

No caso da IA, ocorre o mesmo processo entre *software* (mente) e *hardware* (corpo), de forma que são interdependentes e acionados em diferentes graus de intensidade, de acordo com a função exercida em cada momento.

Todas as áreas apresentadas na Figura 5.3 envolvem métodos e algoritmos que se utilizam de uma infinidade de **tecnologias para serem implementados** – e, conforme as tecnologias evoluem, o mesmo acontece com as áreas.

Cap. 5 · Mente de Inteligência Artificial: como funciona | 67

Nesse sentido, podemos considerar as expectativas, as potencialidades e a maturidade de evolução das tecnologias de IA para os próximos anos por meio do *hype cycle de Gartner*.[1] Em 2019,[2] destacavam-se: **reconhecimento de fala** (*speech recognition*), **RPA** (*Robotic Process Automation*) e uma vasta gama de tecnologias: ***machine learning***, ***deep learning***, ***chatbots***, ***AutoML***, ***intelligent applications***, ***augmented intelligence***, ***edge AI***, **assistentes virtuais**, **visão computacional** e ***insight engines***.

Em 2020,[3] cinco novas tecnologias entraram para o *hype cycle* de IA: ***small data***, ***generative AI***, ***composite AI***, ***responsible AI*** e ***things as customers*** (Figura 5.3), e duas megatendências dominaram o cenário a partir de 2020: a democratização e a industrialização de IA.

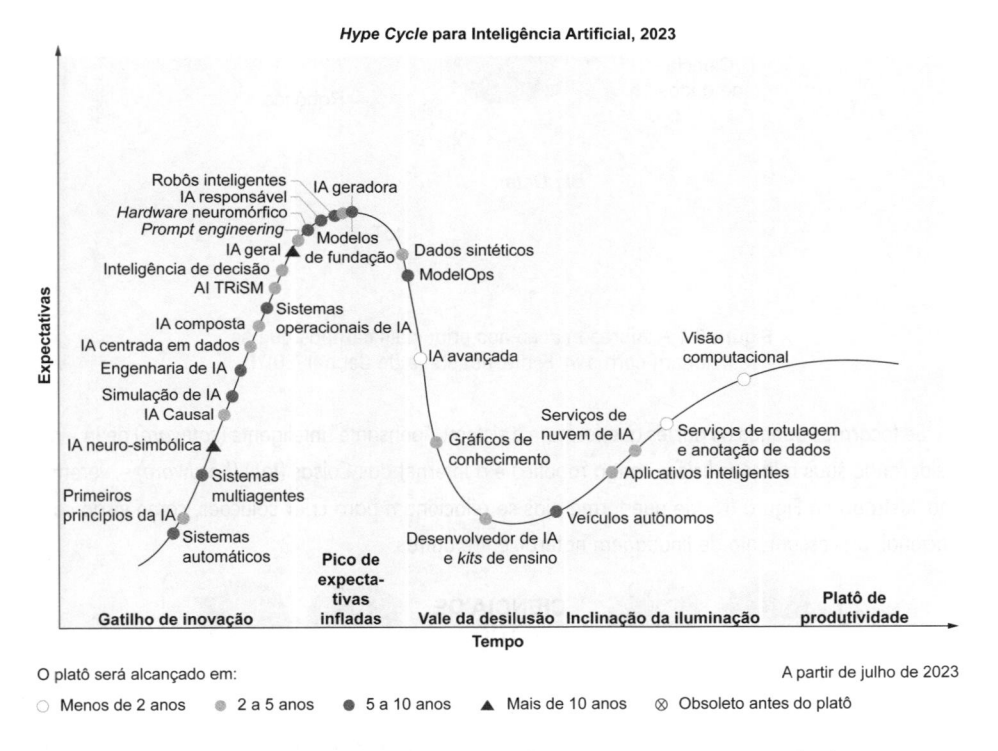

Hype Cycle para Inteligência Artificial, 2023

Figura 5.3 – *Hype cycle* de Gartner em 2023 para IA, com a apresentação das expectativas de evolução das tecnologias de IA nos próximos anos. Fonte: adaptada de https://www.gartner.com/en/articles/what-s-new-in-artificial-intelligence-from-the-2023-gartner-hype-cycle. Acesso em: 1º fev. 2024.

---

1. O *hype cycle* é uma metodologia do Gartner que interpreta o *hype* das tecnologias emergentes, ou seja, as expectativas e reais possibilidades de cada uma delas, apresentando-as em uma representação gráfica conforme a maturidade de adoção, o quanto elas são potencialmente relevantes para solucionar problemas reais e explorar novas oportunidades. Disponível em: http://www.gartner.com/technology/research/methodologies/hype-cycle.jsp. Acesso em: 5 abr. 2022.
2. Disponível em: https://www.gartner.com/smarterwithgartner/5-trends-appear-on-the-gartner-hype-cycle-for-emerging-technologies-2019/. Acesso em: 5 abr. 2022.
3. Disponível em: https://www.gartner.com/smarterwithgartner/2-megatrends-dominate-the-gartner-hype-cycle-for-artificial-intelligence-2020/. Acesso em: 5 abr. 2022.

Todas essas tecnologias, métodos e algoritmos emergentes de IA citados anteriormente se relacionam com as áreas de Ciência da Computação, Ciência de Dados, Robótica, entre outras (Figura 5.4).

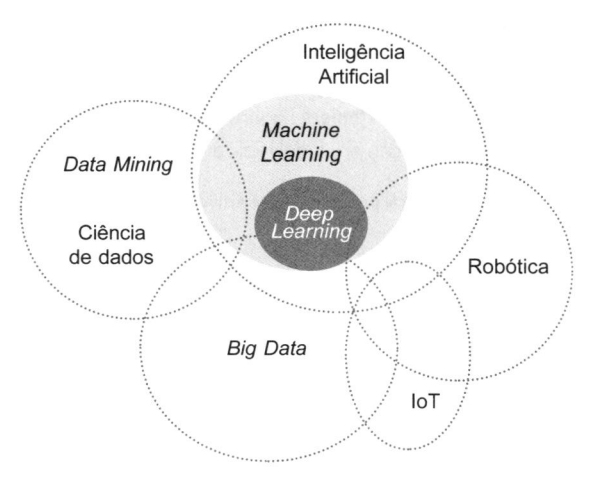

Figura 5.4 – Representação dos principais campos que se relacionam com a IA. Fonte: adaptada de Gabriel (2017).

Se focarmos apenas as partes que formam o sistema "pensante" inteligente (*software*) de IA – não considerando suas relações físicas com a robótica e a Internet das Coisas (IoT) (*hardware*) –, veremos, como ilustrado na Figura 5.5, de que forma elas se relacionam para criar soluções, como visão computacional, processamento de linguagem natural, entre outras.

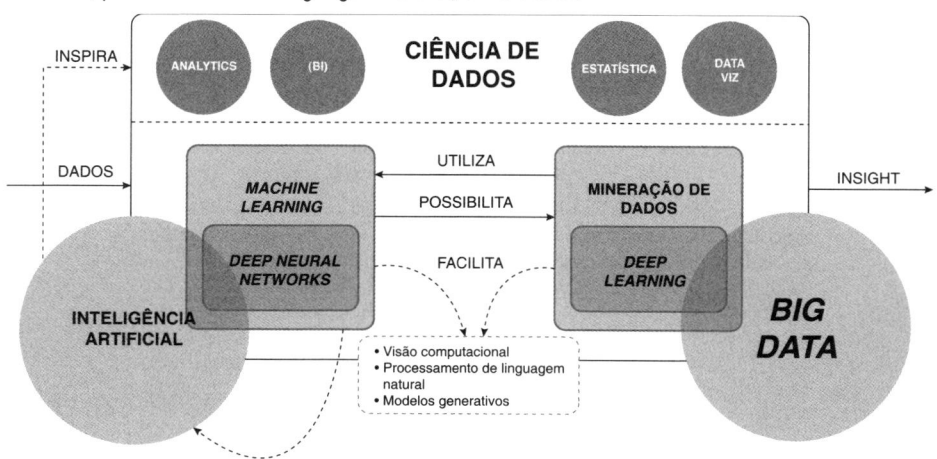

Figura 5.5 – Representação dos principais campos que se relacionam com a IA. Fonte: adaptada de Gabriel (2017).

Agora que entendemos como várias áreas se relacionam no desenvolvimento e na evolução da IA, vejamos como funcionam e se conectam suas principais partes específicas: tecnologias, métodos e algoritmos.

Machine learning

O termo *machine learning* (ML) foi cunhado em 1959 por Arthur Samuel, um pioneiro no campo de *games* computacionais e IA, definindo a área como um **"campo de estudo que dá aos computadores a habilidade de aprender sem serem explicitamente programados"**.[4]

Para explicar como o ML funciona, podemos utilizar uma analogia com um método que nós, seres humanos, usamos para aprender a comprar frutas.[5] Imagine que você deseje comprar mangas doces. Como você faz? Você se lembra de que sua mãe lhe disse que as mangas mais amarelas são mais doces do que as pálidas. Então, vai à quitanda, escolhe as mais amarelas, paga por elas e as leva para casa. No entanto, depois de comê-las, você percebe que nem todas as mangas amarelas são realmente doces. Assim, as informações que sua mãe lhe forneceu ainda são insuficientes. Ao analisar as mangas que experimentou do lote, você percebe que as grandes e amarelas são doces sempre, mas as pequenas, não. Então, da próxima vez que as comprar, escolherá apenas as grandes e amarelas, não mais as pequenas. No entanto, quando volta à quitanda, nota que o vendedor se mudou de lá, então você passa a comprar de outro fornecedor. Nesse caso, depois de consumir as mangas, percebe que as menores e pálidas são as mais doces, e não mais as maiores e amarelas. Algum tempo depois, você recebe um primo para passar uns dias com você, e o que ele valoriza não é a doçura das mangas, mas o quanto são suculentas. Novamente, você repete o experimento para determinar as melhores mangas para o seu propósito. Imagine, agora, que você se mude para outra parte do mundo: você deverá praticar o experimento novamente. E se você se casar com alguém que gosta de maçãs e detesta mangas? Provavelmente fará todos os experimentos de novo, para conseguir comprar maçãs melhores. E assim por diante. No mundo de ML, o processo é similar, só que feito por meio de algoritmos, que, conforme realizam uma experiência, registram os seus resultados para tomar decisão posteriormente. Esse exemplo das frutas usa o método que chamamos de aprendizagem supervisionada, o qual "ensina" o processo por meio de exemplos iniciais – veremos esse e outros métodos de ML mais à frente.

Dados, dados e dados

Antes de darmos continuidade ao assunto, é importante destacar imediatamente uma dimensão fundamental de ML, que são os **dados**: no exemplo anterior das mangas, se não houvesse frutas para aprender sobre doçura, suculência, regiões de origem, fornecedores etc., ficaria muito difícil, se não impossível, adquirir conhecimento e aprender. Portanto, existe uma relação íntima entre

---

4. Disponível em: https://www.sciencedirect.com/topics/psychology/machine-learning#:~:text=In%2C%201959%20Arthur%20Samuel%20defined,explicitly%20programmed%E2%80%9D%20%5B2%5D. Acesso em: 9 maio 2022.
5. Analogia apresentada por Pararth Shah em: http://bigdata-madesimple.com/how-do-you-explain-machine-learning-and-data-mining-to-a-layman/. Acesso em: 5 abr. 2022.

aprendizagem e dados (preexistentes, conhecidos, desconhecidos, descobertos etc.), por isso os sistemas de ML melhoram conforme "**mineram**" grandes volumes de dados (assim como em nosso cérebro biológico, conforme experimenta mais situações e é exposto, dessa forma, a mais dados). Assim, **dados são uma questão crítica em ML:** muitos processos não conseguem ser implementados na prática por existirem problemas com os dados – indisponibilidade, inexistência, má qualidade, dificuldade de organizar etc.

Machine Learning: métodos, abordagens e algoritmos

Assim, ML, ou "aprendizagem de máquinas", em português, é um campo da IA que lida com algoritmos que permitem que um programa "**aprenda**" – ou seja, os **programadores humanos não precisam especificar um código que determine as ações ou previsões** que o programa deva realizar em certa situação. Em vez disso, **o código reconhece padrões e similaridades das suas experiências anteriores e assume a ação apropriada baseado nesses dados**. Isso permite uma melhor automação, na qual o programa não para quando encontra algo novo, mas trará dados de suas experiências para lidar suavemente com a tarefa que precisa fazer.

É importante deixar claro que, da mesma forma que IA é um termo genérico que envolve vários campos de estudo, **ML também é, dentro do campo de IA**, o ramo que estuda metodologias e algoritmos que aprendem. Para que qualquer processo de ML seja implementado, é necessário usar **algoritmos e métodos específicos de ML** – eles são muitos, cada qual com aplicações em domínios específicos de atuação, conforme o contexto e o problema a ser resolvido. Assim, ML refere-se a uma vasta gama de algoritmos e metodologias que permitem que *softwares* melhorem seu desempenho (**aprendizagem**) à medida que obtêm mais dados.

A Figura 5.6 apresenta os principais **métodos de ML e os respectivos algoritmos** para implementá-los. A *deep learning*, por exemplo (que será vista em detalhes mais à frente), uma das áreas de ML, conta com diversos algoritmos para ser implementada na solução de problemas, sendo um deles o CNN (*Convolutional Neural Networks*). Note-se que soluções de ML podem combinar algoritmos desses vários métodos.

Cap. 5 · Mente de Inteligência Artificial: como funciona | 71

Bayesianos
- Naive Bayes
- Averaged One-Dependence Estimators (AODE)
- Bayesian Belief Network (BNN)
- Gaussian Naive Bayes
- Multinational Naive Bayes
- Bayesian Network (BN)

Árvore de Decisão
- Classification and Regression Tree (CART)
- Interative Dichotomiser 3 (ID 3)
- C4.5
- C5.0
- Chi-squared Automatic Interaction Detection (CHAID)
- Decision Stump
- Conditional Decision Trees
- MS

Redução da Dimensionalidade
- Principal Component Analysis (PCA)
- Partial Least Squares Regression (PLSR)
- Sammon Mapping
- Multidimensional Scaling (MDS)
- Projection Pursuit
- Principal Component Regression (PCR)
- Partial Least Squares Discriminant Analysis
- Mixture Discriminant Analysis (MDA)
- Quadratic Discriminant Analysis (QDA)
- Regularized Discriminant Analysis (RDA)
- Flexible Discriminant Analysis (FDA)
- Linear Discriminant Analysis (LDA)

Instance Based
- k-Nearest Neighbour (kNN)
- Learning Vector Quantization (LVQ)
- Self-Organizing Map (SOM)
- Locally Weighted Learning (LDA)

Clustering
- k-Means
- k-Median
- Expectation Maximization
- Hierarchical Clustering

Algoritmos de Machine Learning

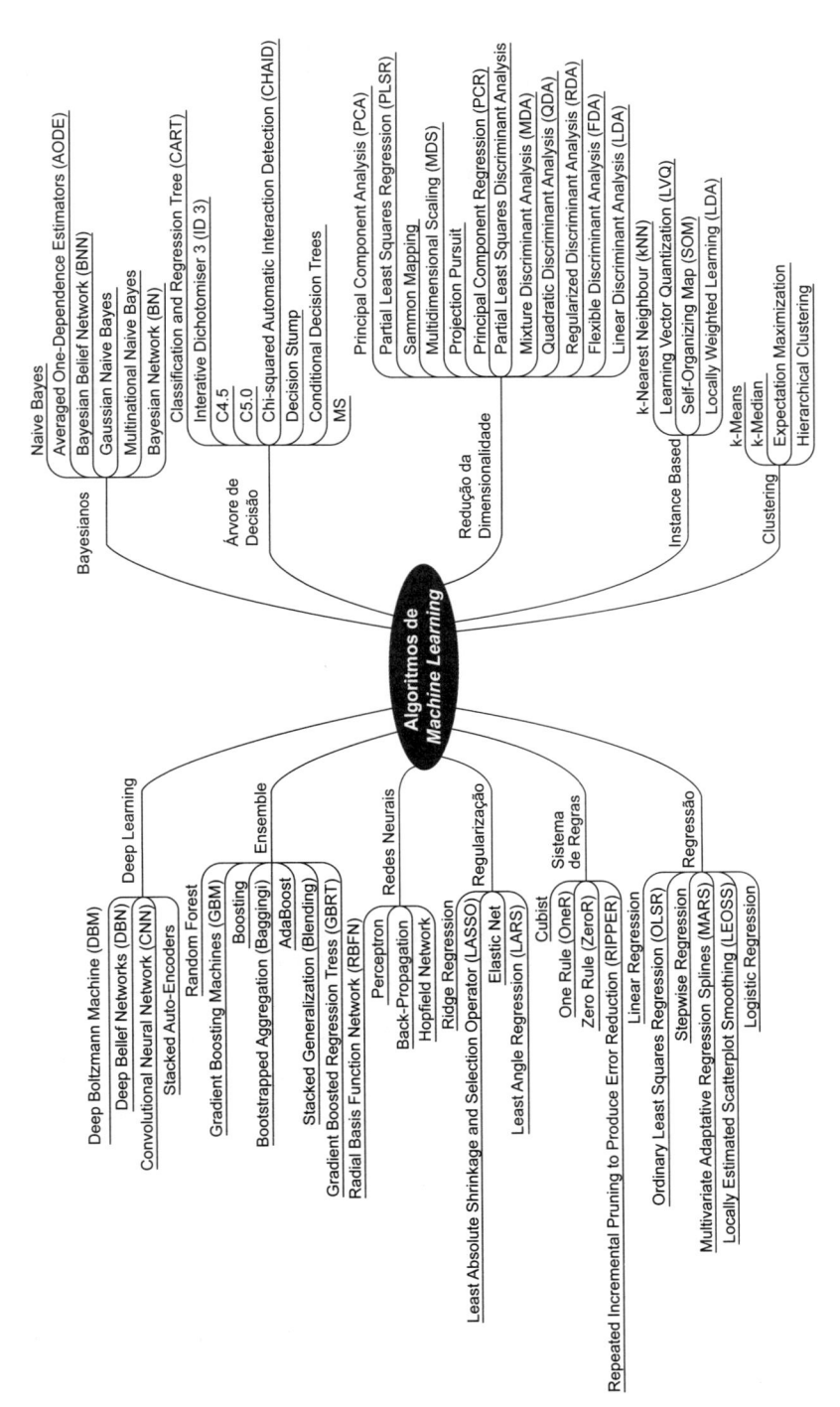

Deep Learning
- Deep Boltzmann Machine (DBM)
- Deep Belief Networks (DBN)
- Convolutional Neural Network (CNN)
- Stacked Auto-Encoders

Ensemble
- Random Forest
- Gradient Boosting Machines (GBM)
- Boosting
- Bootstrapped Aggregation (Baggingj)
- AdaBoost
- Stacked Generalization (Blending)
- Gradient Boosted Regression Tress (GBRT)

Redes Neurais
- Radial Basis Function Network (RBFN)
- Perceptron
- Back-Propagation
- Hopfield Network
- Ridge Regression

Regularização
- Least Absolute Shrinkage and Selection Operator (LASSO)
- Elastic Net
- Least Angle Regression (LARS)

Sistema de Regras
- Cubist
- One Rule (OneR)
- Zero Rule (ZeroR)
- Repeated Incremental Pruning to Produce Error Reduction (RIPPER)

Regressão
- Linear Regression
- Ordinary Least Squares Regression (OLSR)
- Stepwise Regression
- Multivariate Adaptive Regression Splines (MARS)
- Locally Estimated Scatterplot Smoothing (LEOSS)
- Logistic Regression

Figura 5.6 – Algoritmos usados em ML. Fonte: adaptada de Gabriel (2017).

Uma forma bastante didática de agrupar os métodos de ML é separá-los pela filosofia que os rege, como proposto por Pedro Domingos (2015): simbolistas, conexionistas, evolucionistas, bayesianos e analogistas (Figura 5.7).

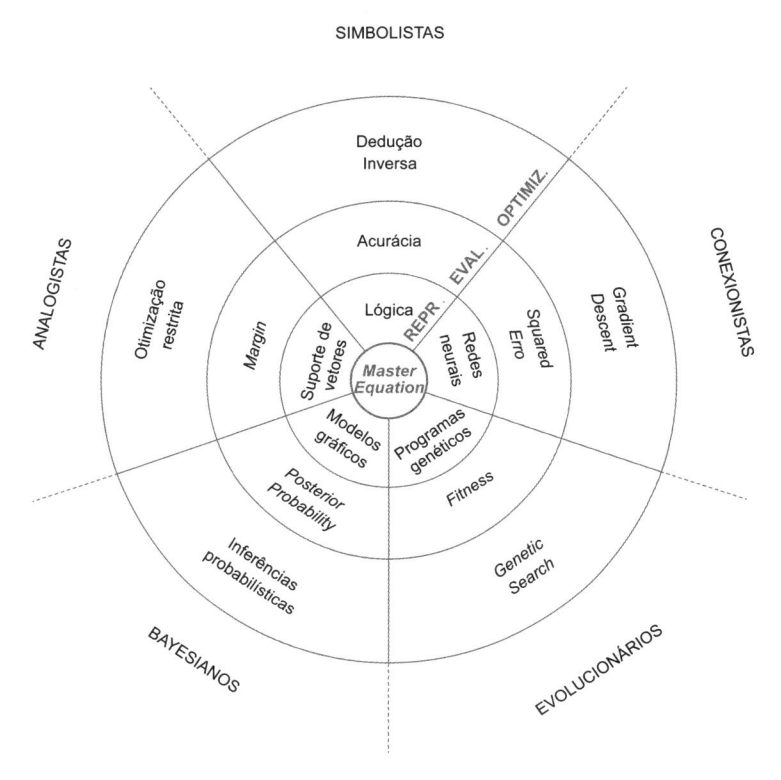

Figura 5.7 – As cinco tribos de *machine learning* (*The five tribes of machine learning*). Fonte: Gabriel (2017).

A abordagem de ML inspirada na biologia[6] tem se tornado bastante popular, como nas seguintes linhas:

- **Redes neurais** (*neural networks*) – utilizam algoritmos que modelam a aprendizagem do cérebro biológico por meio de exemplos: a partir de um conjunto de respostas corretas, eles aprendem padrões gerais. Redes neurais são, atualmente, a grande estrela das aplicações de IA, utilizadas, por exemplo, em *deep learning* e aplicadas em inúmeras áreas, como processamento de linguagem natural, visão computacional, detecção de fraudes etc.

- **Aprendizagem por reforço** (*reinforcement learning*) – método que modela a aprendizagem do cérebro biológico por meio da experiência (psicologia comportamental): a partir de um conjunto de ações e uma eventual recompensa ou punição (reforço), ele aprende quais ações

---

6. Disponível em: http://theory.stanford.edu/~amitp/GameProgramming/AITechniques.html. Acesso em: 5 abr. 2022.

são boas ou ruins. Esse método permite que os seus agentes aprendam durante a vida e, também, compartilhem conhecimento com os demais.

- **Genética** – método que modela a evolução por meio da seleção natural: a partir de um conjunto de agentes, deixa viver os melhores e morrer os piores. Normalmente, algoritmos genéticos não permitem que os agentes aprendam durante a vida deles.

Machine Learning é o campo de IA que mais tem se mostrado promissor, fornecendo ferramentas que podem ser usadas com grande potencial transformador no mercado e na sociedade. Entre as áreas populares de aplicação de ML, podemos citar: **reconhecimento de texto** em linguagem natural (Processamento de Linguagem Natural – PLN), **análise de texto** (extração de conhecimento de grandes volumes de dados), **reconhecimento de voz e síntese de fala**, **visão computacional, carros autônomos**, **busca *on-line***, sistemas de **recomendação** (por exemplo, Netflix), **detecção de fraudes, segurança de rede e de dados**.

Tipos de ML

Quanto ao **estilo de aprendizagem**, existem quatro tipos[7] de ML, os quais são descritos a seguir.

Aprendizagem supervisionada

Envolve um professor (mais experiente no assunto do que a máquina), que alimenta alguns exemplos de dados sobre aquilo que ele já sabe as respostas. Por exemplo, no caso de reconhecimento de mangas e maçãs (reconhecimento de padrões) mencionado anteriormente, a rede neural apresenta respostas enquanto processa os dados, e o professor, por sua vez, as corrige e dá as respostas certas. A rede, então, compara suas respostas com as "corretas" do professor e faz ajustes em função disso (Figura 5.8).

Exemplos de aprendizagem supervisionada aplicados ao nosso cotidiano:

- sistemas de reconhecimento de fala dos *smartphones* (Siri, Cortana etc.), que treinam com a sua voz antes de começarem a funcionar;
- sistemas de reconhecimento de letras cursivas (OCR), que, depois de treinados para reconhecer a caligrafia de uma pessoa, convertem o texto para o formato digital;
- sistemas de *e-mail*, que, baseados nas informações passadas, filtram as novas mensagens em normais ou *spam*;
- interfaces biométricas, em que um indivíduo treina a máquina com algumas interações (impressões digitais, voz, íris etc.) e, no futuro, ela consegue identificá-lo.

O próximo passo evolutivo no desenvolvimento de ML de aprendizagem supervisionada é usar um "professor" que seja uma IA em vez de um ser humano – esse tipo de ML está sendo desenvolvido pelo Google, com o nome de **AutoML**, uma vez que automatiza os processos. Como treinar ML requer muito trabalho de profissionais altamente qualificados, a AutoML permitirá o **aumento da eficiência em sistemas de IA por ML supervisionada**.

---

7. Ver relação completa de metodologias de *machine learning* em: https://en.wikipedia.org/wiki/Outline_of_machine_learning ou em: https://machinelearningmastery.com/a-tour-of-machine-learning-algorithms/. Acesso em: 5 abr. 2022.

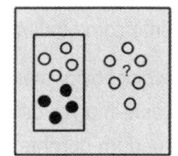

Algoritmos de
aprendizagem
supervisionada

Figura 5.8 – Representação de algoritmos de aprendizagem supervisionada, do lado esquerdo; os exemplos conhecidos que direcionarão a aprendizagem de máquina, no lado direito. Fonte: Gabriel (2017).

Aprendizagem não supervisionada (*free learning*)

Esse tipo de ML é necessário **quando não existem exemplos de dados com respostas conhecidas**. Por exemplo, quando se busca por padrões desconhecidos em processos de *data mining*. Nesse caso, a organização dos dados em grupos (*clusters*) – separação dos elementos conforme alguns padrões desconhecidos – é feita com base em grupos de dados existentes (Figura 5.9). Um exemplo de aprendizagem não supervisionada seria quando se tem um grupo de fotografias de diferentes pessoas – digamos, 15 indivíduos em centenas de fotos – sem informação sobre quem está em cada uma delas, e você gostaria de agrupá-las separadas por pessoa. O sistema "aprende" quem é quem e organiza as fotos em arquivos separados, cada um deles com as de apenas uma pessoa. Pode-se usar ML não supervisionada inclusive para classificar substâncias: imagine um grupo de moléculas, em que parte delas é de medicamentos e a outra, não, mas você não sabe dizer qual é qual. Nesse caso, você poderia usar um algoritmo para descobrir e separá-las.

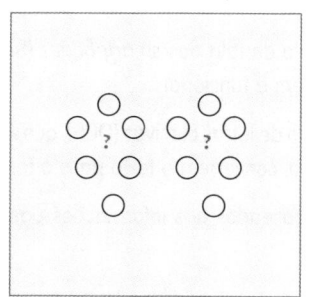

Algoritmos de aprendizagem não
supervisionada

Figura 5.9 – Representação de algoritmos de aprendizagem não supervisionada. Fonte: Gabriel (2017).

Quando a NASA descobre novos corpos celestes diferentes dos tipos de objetos astronômicos por ela conhecidos (estrelas, planetas, asteroides, buracos negros etc.) – não tendo, portanto, conhecimento algum sobre eles –, poderia usar ML para classificá-los do modo que o algoritmo quisesse: distância da Via Láctea, intensidade, força gravitacional, cor etc. Esse é outro exemplo de uso de ML não supervisionada.

Aprendizagem semissupervisionada

Nesse caso, deseja-se resolver um problema, mas o modelo precisa aprender as estruturas e organizar os dados, bem como fazer predições. Os dados de entrada são uma mistura de exemplos conhecidos e desconhecidos. Esse tipo de aprendizagem de ML é usado quando você conhece a categorização de um grupo pequeno dos dados, e o sistema precisa descobrir como categorizar o restante (Figura 5.10).

Nas categorias **supervisionada e não supervisionada, os dados estão disponíveis *a priori* para serem trabalhados – o que muda é o que se sabe, ou não, sobre eles**. No caso de aprendizagem semissupervisionada, uma **parte dos dados é conhecida e categorizada, e outra é desconhecida, de forma que o sistema busca novos dados para categorizar**. O tipo de problema que se beneficia de ML semissupervisionada é aquele no qual se tem acesso barato (ou gratuito) a um grande volume de dados com categorização desconhecida: o uso de humanos consumiria muito tempo e recursos, de forma que a ML usa alguns exemplos conhecidos como modelo e vai categorizando o restante.

Um exemplo de aplicação é a classificação de *webpages*: imagine que você quer classificar qualquer *site* em uma categoria existente, como "educacional", "*shopping*", "fórum" etc. Nesse caso, em vez de usar humanos durante meses para varrer milhares de páginas na *web*, pode-se desenvolver um sistema para coletar esse volume enorme de páginas em apenas algumas horas.[8]

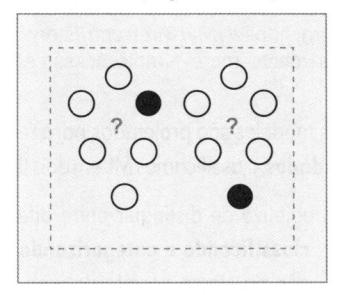

Algoritmos de aprendizagem semissupervisionada

Figura 5.10 – Representação de algoritmos de aprendizagem semissupervisionada. Fonte: Gabriel (2017).

Aprendizagem por reforço[9]

Como mencionado anteriormente, esse tipo de metodologia é baseado na experiência – tentativa e erro –, com o uso de **psicologia comportamental** construída por observação de resultados de ações. A ML **toma decisões observando o seu ambiente e agindo de acordo com sistemas de recompensa ou punição** – não é baseada em exemplos, mas em resultados a serem alcançados. Se o resultado for negativo, a rede neural ajusta os seus pesos para ser capaz de tomar uma decisão necessária diferente da próxima vez. Esse tipo de ML estuda problemas e técnicas que se retroalimentam para melhorarem – para isso, o sistema precisa "sentir" os sinais (**dados**), decidir qual ação executar e, então,

---

8. Disponível em: http://www.cs.cmu.edu/~avrim/Papers/cotrain.pdf. Acesso em: 5 abr. 2022.
9. *Reinforcement learning*, em inglês.

comparar o resultado com base em uma definição de "recompensa". Assim, o sistema tenta descobrir por si só o que fazer para maximizar a recompensa – esse tipo de ML não é nem supervisionado (porque não recebe exemplos e treinamento por meio de um "professor") nem não supervisionado (já que possui um modelo de recompensa definido, ou seja, o padrão a alcançar). A principal diferença, no entanto, entre os modelos de aprendizagem por supervisão e por reforço é a **interação**, que, no caso de aprendizagem por reforço, o agente estabelece com o seu ambiente, que pode influenciar e transformar suas ações (distribuição de estados) da próxima vez que ele atuar.

Um exemplo disso é o jogo RoboSumo (Figura 5.11), no qual robôs lutam sumô controlados por ML e vão aprendendo conforme competem, tornando-se não só mais ágeis e inteligentes, mas também melhorando habilidades como equilíbrio e drible do oponente.

Figura 5.11 – Capturas de tela do jogo RoboSumo mostrando três imagens dos robôs controlados por ML lutando sumô para se tornarem mais ágeis e inteligentes. Disponível em: https://www.wired.com/story/ai-sumo-wrestlers-could-make-future-robots-more-nimble. Acesso em: 5 abr. 2022.

Quanto ao **tipo de tarefa** que os modelos são projetados para realizar, especificamente na forma como eles **aprendem e operam com os dados**, classificamos ML em dois tipos: **discriminativa** e **generativa**.

Modelos discriminativos têm o objetivo de distinguir entre diferentes classes ou categorias de dados. Eles funcionam como um juiz, **classificando e categorizando** – eles aprendem a mapear as entradas para saídas, focando a previsão da classe correta de uma dada entrada. Por exemplo, um modelo discriminativo pode ser treinado para identificar se uma imagem contém um cão ou um gato. Eles são chamados de "discriminativos" porque são bons em discriminar entre diferentes tipos de dados, concentrando-se na fronteira de decisão entre as classes.

Ao contrário dos discriminativos, os **modelos generativos** tentam aprender a distribuição dos dados, permitindo-lhes **gerar novos dados** que sejam semelhantes aos que foram usados durante o treinamento. Eles funcionam como um artista – são capazes de **criar ou sintetizar dados que podem não ter sido vistos durante o treinamento**, baseando-se em sua compreensão da distribuição dos dados. Exemplos de modelos generativos são as GAN (Generative Adversarial Network), que podem ser usadas para criar imagens realistas de pessoas que não existem, ou o ChatGPT, que cria textos e imagens que não existiam em seu treinamento original.

Portanto, a principal diferença entre esses dois tipos de ML está em seus objetivos e abordagens: os modelos discriminativos focam a classificação e a predição, enquanto os modelos generativos focam a criação de novos dados que imitam os dados reais.

Redes Neurais Artificiais (RNA)

Redes neurais artificiais (RNA)[10] são sistemas computacionais importantes para o desenvolvimento da IA, pois são inspirados nas redes neurais biológicas existentes nos cérebros animais (não necessariamente humanos). O cérebro humano é o mais fascinante processador orgânico[11] existente, sendo composto de bilhões de células[12] – os neurônios –, que controlam cada função e parte do nosso organismo. Conectados entre si por meio de sinapses (estímulos elétricos transmitidos por meio de sódio e potássio), os neurônios formam uma rede que possui capacidade de processamento e armazenamento de informação: a rede neural.

Em 1943, Warren McCulloch e Walter Pitts criaram um modelo de redes neurais baseado em matemática e algoritmos, que deu origem a várias linhas de pesquisas em redes neurais artificiais, que, por sua vez, se dividiram em duas abordagens: (1) foco em **processos biológicos no cérebro**; (2) uso de redes neurais em **IA** – esse tipo de abordagem tem sido bem-sucedido em uma variedade de aplicações, incluindo visão computacional, reconhecimento de fala, tradução de línguas, filtragem de redes sociais, *games*, diagnósticos médicos, entre inúmeras outras. Essa última linha de pesquisa inclui também o desenvolvimento de **neurocomputadores**: um computador que utiliza neurônios biológicos, formados por DNA, como fonte de processamento.

O cientista Robert Hecht-Nielsen define uma rede neural artificial como "um sistema computacional feito de uma quantidade de elementos de processamento simples, altamente conectados, que processam informação por meio dos seus estados dinâmicos de resposta a sinais externos a ele".[13] Esses elementos de processamento são os **neurônios artificiais**.

Esses sistemas "aprendem"[14] a executar tarefas por meio de exemplos, normalmente sem programação para isso. Assim, sistemas de reconhecimento de imagem baseados em redes neurais artificiais podem aprender a identificar imagens que contenham flores por meio da análise de imagens-exemplo manualmente marcadas como "flor" ou "sem flor", usando então os resultados analíticos para identificar flores em outras imagens. Esse tipo de técnica de IA é particularmente útil em aplicações difíceis de expressar em algoritmos computacionais tradicionais baseados em regras de programação, como nesse caso.

Para entender o funcionamento das redes neurais artificiais, precisamos conhecer os neurônios e a função deles. Como o cérebro humano é um dos maiores mistérios do nosso tempo, os cientistas não chegaram a um consenso sobre como ele funciona. Assim, existem duas teorias sobre o funcionamento de um neurônio biológico: (1) a teoria da célula-avó; e (2) a teoria da representação distribuída. A primeira acredita que neurônios individuais possuem alta capacidade informacional e conseguem representar conceitos complexos, como a sua "avó". A segunda teoria crê que os neurônios são muito mais simples, de forma que representações de objetos complexos são distribuídas por muitos neurônios. As redes neurais artificiais são inspiradas vagamente nessa última teoria, a da representação distribuída.

---

10. Também são conhecidas pela sigla ANNs, que é a abreviação do seu nome em inglês, *artificial neural networks*.
11. Baseado em carbono.
12. Disponível em: https://en.wikipedia.org/wiki/List_of_animals_by_number_of_neurons e em: https://en.wikipedia.org/wiki/Cerebral_cortex. Acesso em: 5 abr. 2022.
13. Disponível em: https://www.safaribooksonline.com/library/view/machine-learning-hands-on/9781118889497/c05.xhtml. Acesso em: 5 abr. 2022.
14. Melhoram progressivamente a *performance* do que estiverem executando.

Nesse sentido, os principais componentes funcionais dos neurônios biológicos (Figura 5.12), nos quais os neurônios artificiais se inspiram, são:

- **dendrito**, que tem por função receber os estímulos transmitidos pelos outros neurônios;
- **corpo de neurônio** (também chamado de soma), que é responsável por coletar e combinar informações vindas de outros neurônios;
- **axônio**, que é constituído de uma fibra tubular responsável por transmitir os estímulos para outras células.

Figura 5.12 – Esquema de um neurônio biológico (esquerda) e um neurônio artificial (direita). Fonte: Gabriel (2017).

Nos neurônios biológicos, a comunicação é realizada por meio de impulsos recebidos pelos dendritos, processados no soma, e o resultado é transmitido para outras células da rede neural ou do corpo pelos axônios. Os neurônios artificiais imitam essas funções, pois cada um possui: (1) dois ou mais receptores de entrada (para perceberem determinados tipos de sinais); (2) um corpo de processadores, responsável por um sistema de *feedback* que modifica a sua própria programação, dependendo dos dados de entrada e saída; e (3) uma saída binária para apresentar o resultado do processamento, na forma de "sim" ou "não" (Figura 5.13).

Um neurônio artificial pode, portanto, receber **vários sinais de entrada**, mas consegue **emitir apenas um de saída**. Por exemplo, é possível desenvolver um sistema para identificar maçãs e bananas, criando-se neurônios sensíveis à forma (arredondada e comprida) e à cor (amarelo e vermelho) – cada neurônio precisa ter, portanto, quatro entradas, uma para cada informação.

Assim, a **rede neural artificial** é um sistema de neurônios artificiais conectados e divididos em três tipos de camadas (Figura 5.13): (1) camadas de entrada – neurônios que recebem os estímulos; (2) camadas internas (ou *hidden*, ocultas), que processam; e (3) camadas de saída, que se comunicam com o exterior. O modo como as camadas são arranjadas é chamado de *multilayer perceptron*.[15]

---

15. *Perceptron* é um algoritmo para aprendizagem supervisionada de classificadores binários (funções que conseguem decidir se uma entrada pertence a um grupo específico, ou não).

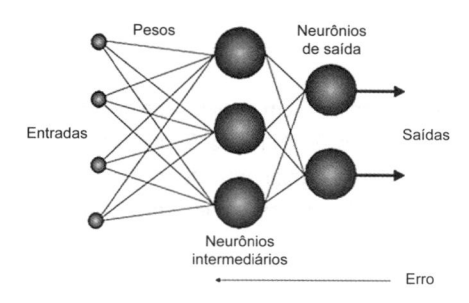

Figura 5.13 – Rede neural multinível mostrando as camadas de entrada, interna e de saída. Fonte: Gabriel (2017).

Assim, uma rede neural artificial é composta de várias unidades de processamento bastante simples, geralmente conectadas por canais de comunicação associados a determinado peso. O **comportamento inteligente da rede vem das interações entre suas unidades de processamento**. Diferentemente, no entanto, do cérebro biológico – em que qualquer neurônio pode se conectar com qualquer outro neurônio ao redor –, **as redes neurais artificiais têm camadas discretas, conexões e direções de propagação de dados**.

A maioria dos modelos de redes neurais possui alguma regra de treinamento por meio de exemplos (que calibram os pesos das suas conexões de entrada), sendo capaz, portanto, de extrair regras básicas a partir de dados reais, não requerendo um conjunto de regras rígidas prefixadas e algoritmos (como na computação simbólica programada).

Se, por um lado, para aprender as redes neurais precisam ser treinadas da mesma forma que um ser humano, por outro – e diferentemente de um humano –, uma vez que elas tenham aprendido, podem comunicar instantaneamente o aprendizado para outras redes neurais artificiais. Um exemplo de robô em aprendizagem por meio de redes neurais é apresentado na Figura 5.14.

Figura 5.14 – *Link* ou QR Code para a imagem do GIF animado que mostra o robô da Boston Dynamics aprendendo a carregar caixas. Disponível em: https://www.theverge.com/2017/8/15/16148196/robots-falling-over-likable-boston-dynamics. Acesso em: 5 jun. 2024.

Data mining

Muitos métodos de ML se sobrepõem com a mineração de dados, ou *data mining*, um subcampo interdisciplinar da Ciência da Computação (Figura 5.15) que tem por objetivo descobrir padrões em grandes quantidades de dados (como visto anteriormente no exemplo de ML com frutas). A meta é extrair informações de uma base de dados e transformá-las em uma estrutura compreensível para uso futuro.

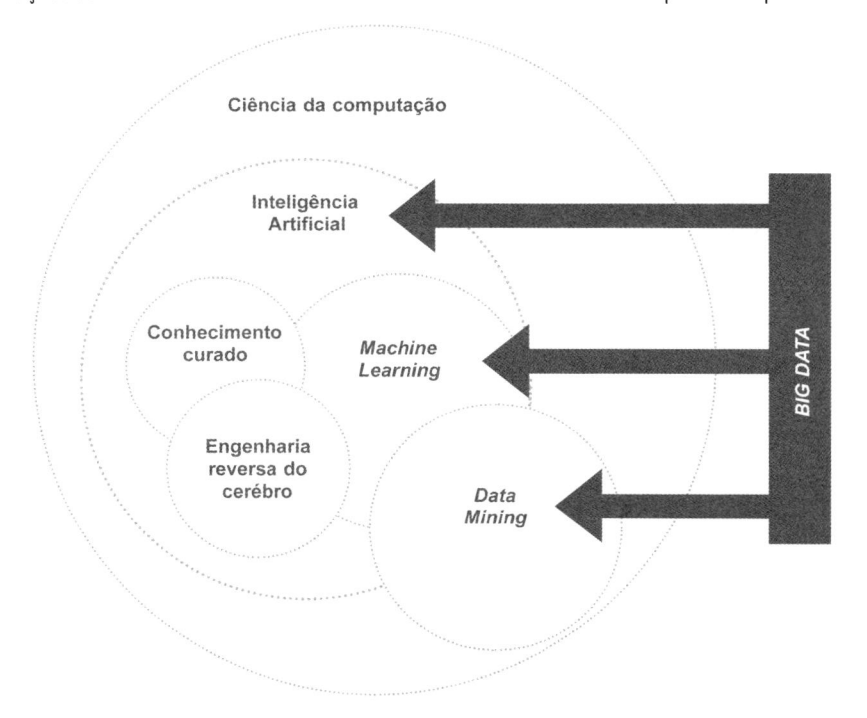

Figura 5.15 – Esquema de inter-relação entre IA, *machine learning*, *data mining* e *big data*. Fonte: Gabriel (2017).

Além da análise dos dados brutos, os processos de *data mining* envolvem aspectos de bancos de dados e gestão de dados, pré-processamento de dados, considerações de modelagem e inferência, métricas, considerações de complexidade, pós-processamento de estruturas encontradas, visualização e atualização *on-line*. *Data mining* é a etapa de análise da metodologia de descoberta de conhecimento em banco de dados, o KDD[16] (*Knowledge Discovery in Database*).

Apesar de o termo *data mining* ter surgido nos anos 1990, a **mineração de dados** é a evolução de um campo com uma longa história (Figura 5.16). A **estatística** é a fundação para a maioria das tecnologias com as quais *data mining* é estruturada para estudo de dados e relacionamentos. Com o desenvolvimento das áreas de **computação** e **IA** (especialmente ML), associadas com a explosão da disponibilidade de dados não estruturados no mundo (***big data***), o campo de *data mining* dá um salto em aplicação e importância. Alguns fatos marcantes que deram visibilidade e destaque para os

---

16. De forma simplificada, o KDD é o processo no qual se faz 1) pré-processamento de dados; 2) *data mining*; e 3) validação de resultados.

processos de *data mining* foram o livro *Moneyball*,[17] em 2003 (e filme homônimo em 2015), e a nomeação, pela primeira vez na história, de um diretor cientista de dados na Casa Branca em 2015 (DJ Patil, *Deputy Chief Technology Officer for Data Policy and Chief Data Scientist* do Departamento de Políticas de Ciência e Tecnologia da Casa Branca dos Estados Unidos).[18]

DATA MINING

Estatística
- Teorema de Bayes (1763)
- Regressão (1805)

Era computacional
- Turing (1763)
- Redes neurais (1805)
- Computação evolutiva (1965)
- Base de dados (1970s)
- Algoritmos genéticos (1975)

Data Mining
- KDD (1989)
- SVM (1992)
- Ciência de dados (2001)
- *Moneyball* (2003)

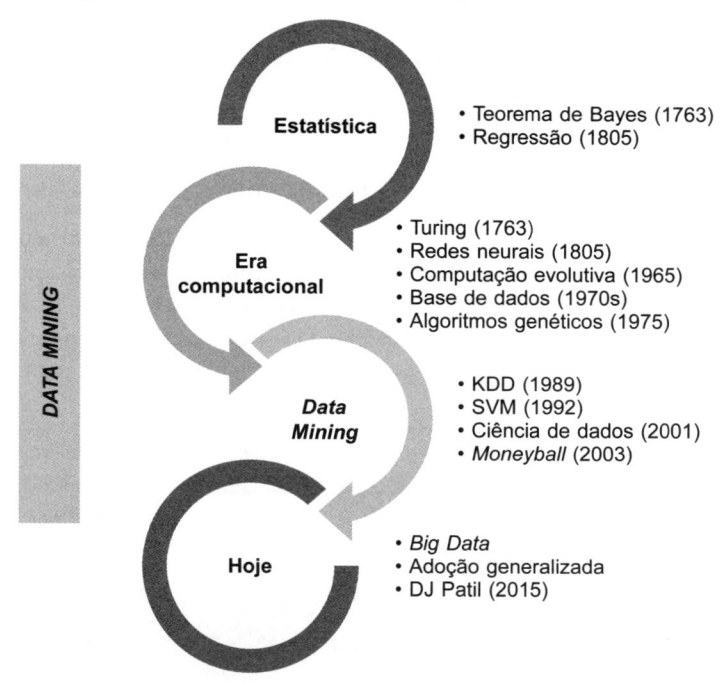

Hoje
- *Big Data*
- Adoção generalizada
- DJ Patil (2015)

Figura 5.16 – Visualização da história do *data mining*. Disponível em: https://visual.ly/community/infographic/computers/history-data-mining. Acesso em: jun. 2024.

Deep learning

Como visto anteriormente, ML é uma disciplina ampla da IA, que engloba inúmeras metodologias com o objetivo de desenvolver aprendizagem de máquina. Essas metodologias vão desde abordagens simbólicas, como algoritmos de árvores de decisão (*decision trees*), até conexionistas (redes neurais artificiais) e evolucionárias (algoritmos genéticos).

---

17. O livro *Moneyball* (2003) narra fatos verídicos que mudaram o modo como se escala e se joga baisebol nos Estados Unidos e, porsteriormente, no mundo. Em 2002, o técnico do time Oakland Athletics, Billy Beane, com o auxílio de um jovem matemático, passou a fazer as escalações baseando-se em análises estatísticas das *performances* dos seus jogadores (*data mining*), e não no jogador em si, como era feito tradicionalmente. É interessante notar a resistência encontrada por Billy para conseguir implementar essa nova metodologia, pois isso é equivalente aos processos de resistência que são encontrados hoje quanto à aplicação de tecnologias digitais nas organizações. Da mesma forma que é possível escalar melhor um time com apoio computacional com mineração de dados para tomada de decisões, pode-se usar a mesma metodologia para escalar qualquer outro time, inclusive de colaboradores de uma organização.
18. Disponível em: https://obamawhitehouse.archives.gov/blog/2015/02/18/white-house-names-dr-dj-patil-first-us-chief-data-scientist. Acesso em: 5 abr. 2022.

Apesar de ML ser um subcampo da IA, muitos dos seus algoritmos (como os das linhas simbólicas – incluindo árvores de decisão e programação lógica indutiva – e bayesiana) não chegam nem próximo do nível de IA fraca (*Narrow* IA), sendo mais uma inteligência humana reproduzida e automatizada do que uma IA. Por outro lado, os algoritmos de ML baseados em redes neurais artificiais, uma abordagem conexionista, são os que mais se aproximam do que pode ser comparado com o funcionamento da inteligência humana – no entanto, até recentemente o "pensamento inteligente" desses algoritmos era limitado pelas condições práticas do processo: (1) *hardware* computacional: mesmo a mais básica rede neural artificial causa um consumo computacional intenso e o *hardware* disponível não era capaz de processá-las; (2) dados – antes da era digital, não existia volume de dados disponíveis o suficiente no mundo, para treinamento de redes neurais artificiais (em algumas áreas do conhecimento, ainda não há).

Como discutido anteriormente, um algoritmo de ML precisa de dados para aprender, da mesma forma que acontece com um ser humano, cujo organismo, no caso, possui mecanismos sofisticados para captar dados de diversos tipos (sons, imagens, movimento, odores etc.) e um cérebro que naturalmente consegue processar esses diferentes dados para pensar. Os sistemas computacionais, por sua vez, dependem de diversas tecnologias para conseguir "sentir" e captar os diferentes tipos de dados do ambiente para processar.

Dentro das abordagens conexionistas de ML, *deep learning* é aquela que utiliza algoritmos de redes neurais artificiais, aprofundando o processamento em camadas de neurônios artificiais para resolver problemas mais complexos, aproximando-se mais do que entendemos por "pensamento" humano (Figura 5.17).

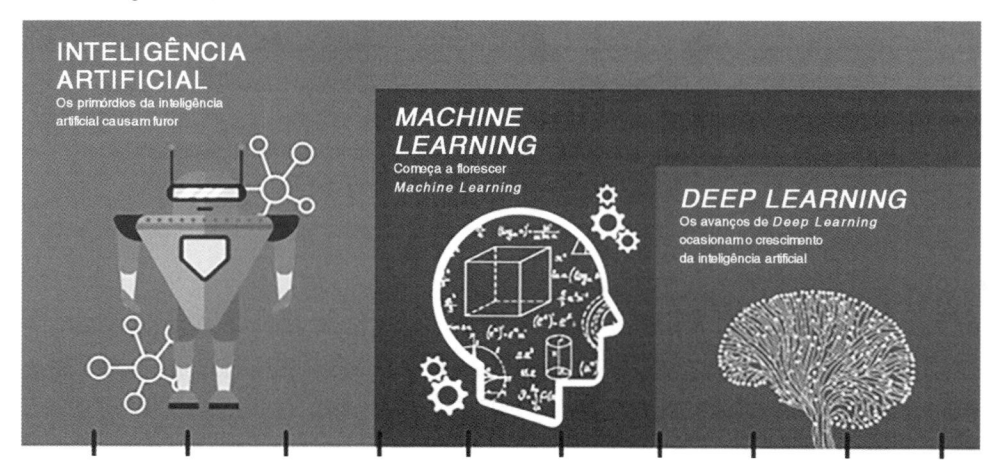

A partir de uma onda de otimismo inicial na década de 1950, subconjuntos menores de inteligência artificial – primeiramente a *Machine Learning*, seguida de Deep Learning (subconjunto da *Machine Learning*) – geraram transformações ainda maiores.

Figura 5.17 – Evolução da IA desde o seu início como disciplina do conhecimento, passando pelo surgimento de metodologias e algoritmos de ML até o florescimento do *deep learning*. Disponível em: https://www.linkedin.com/pulse/ai-machine-learning-evolution-differences-connections-kapil-tandon/. Acesso em: 9 maio 2022.

A recente aceleração da evolução de *hardware* (especialmente processamento visual, GPU),[19] *software* (redes neurais) e disponibilidade de dados (*big data*) a partir de 2010, principalmente depois de 2015, tem trazido a ML para mais perto do que acontece com um sistema de aprendizado humano em algumas áreas de aplicação: o *deep learning*. O gráfico da Figura 5.18 mostra seu avanço, com um crescimento de 50 vezes em 3 anos (de 2013 a 2015). Em função disso, as aplicações de *deep learning* em problemas reais têm escalado significativamente, de forma que esse tipo de algoritmo de ML se tornou a estrela do momento em IA.

AUMENTO DE 50X EM *DEEP LEARNING* EM TRÊS ANOS

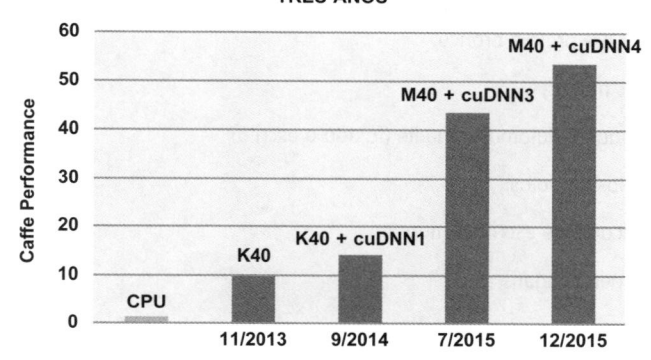

[Gráfico de barras – Caffe Performance:
CPU (11/2013): ~2
K40 (9/2014): ~10
K40 + cuDNN1 (9/2014): ~14
M40 + cuDNN3 (7/2015): ~43
M40 + cuDNN4 (12/2015): ~54]

AlexNet training throughput based on 20 iterations.
CPU: 1x ES-2680v3 12 Core 2.5GHz. 128GB System Memory, Ubuntu 14.04

Figura 5.18 – Evolução do *deep learning* em três anos, com aumento de 50 vezes. Disponível em: https://blogs.nvidia.com/blog/2016/01/12/accelerating-ai-artificial-intelligence-gpus/. Acesso em: 6 jun. 2024.

Assim, conforme os computadores evoluem – e passam a (1) conseguir capturar melhor os dados do mundo (áudio, imagem, movimento, odores etc.); e (2) processá-los de forma mais eficiente –, eles vão se aproximando das habilidades humanas.

A capacidade computacional de capturar dados de forma cada vez mais sofisticada tem acontecido em função da disseminação da IoT (que alimenta o *big data* em inúmeras dimensões) e da melhoria dos sistemas de visão computacional, reconhecimento de fala etc. Esses dispositivos simulam os sentidos humanos (e eventualmente, no futuro, poderão ir além).

Some-se a isso o fato de que a capacidade computacional de processamento está sendo alavancada ainda mais por sistemas de redes neurais artificiais profundas e *hardware* especializados para "pensar" em conjunto com os dados captados: os **computadores neuromórficos**.[20]

---

19. Principalmente a partir de 2015, passou a existir no mundo uma disponibilidade ampla de processadores gráficos (GPU – *Graphical Processing Unit*) que tornam o processamento paralelo mais rápido, barato e poderoso. Com isso, começou a haver uma capacidade quase infinita para armazenamento e fluxo de dados de todo tipo (*big data*): imagens, textos, transações, mapeamentos etc. Essa nova estrutura de mundo é responsável pelo sucesso da IA moderna, especialmente os algoritmos de *deep learning*. Mais informações sobre GPUs em: http://www.nvidia.com/object/what-is-gpu-computing.html. Acesso em: 6 abr. 2022.
20. Disponível em: https://en.wikipedia.org/wiki/Neuromorphic_engineering. Acesso em: 6 abr. 2022.

Em função da junção da evolução dessas capacidades computacionais (*hardware* + *software* + dados) convergindo em *deep learning*, alguns pesquisadores consideram que esse foi o *Big Bang*[21] da Inteligência Artificial moderna.

Assim, *deep learning* tem possibilitado a criação de praticamente todo tipo de assistentes computacionais, alavancando a adoção de IA. Exemplos de aplicação são carros autônomos, assistentes de saúde (*healthcare* preventiva), combate à fraude, mapeamentos por imagem (bairros, plantações etc.), recomendações de filmes, livros, segurança com reconhecimento de imagens, *speech to text*, entre outros.

Aplicações recentes de *deep learning* têm possibilitado:

- colorir imagens em preto e branco;
- sonorizar filmes mudos;
- traduzir a linguagem automaticamente (falada e escrita);
- classificar objetos em fotos;
- gerar automaticamente escrita à mão;
- gerar texto de personagens;
- gerar legendas em imagens;
- utilizar jogos automáticos.

Em outras palavras, o *deep learning* está pavimentando o caminho para um futuro de IA mais próximo daquilo que vemos na ficção, na qual os sistemas computacionais atuam no nível humano de inteligência: AGS.

Agora que entendemos como o cérebro artificial funciona, vejamos no próximo capítulo como ele se relaciona com seus corpos – robótica, biônica e cibernética.

---

21. Disponível em: https://blogs.nvidia.com/blog/2016/01/12/accelerating-ai-artificial-intelligence-gpus/. Acesso em: 6 abr. 2022.

CAPÍTULO 6

Corpos de Inteligência Artificial: robótica, biônica e cibernética

Nos capítulos anteriores, discutimos a Inteligência Artificial (IA) sob a ótica da mente, do pensamento e do cérebro. No entanto, apenas o "pensar" de forma inteligente não é suficiente para conseguirmos resultados inteligentes – para isso, é necessário termos também meios de executar aquilo que pensamos.

Podemos, de uma forma geral, definir um **ser inteligente** como uma **entidade que consegue "pensar" e que tenha meios de "agir" para transformar o seu ambiente**. O "pensar" contribui com a **dimensão mental da inteligência**, fornecendo soluções para tentar alcançar objetivos específicos, enquanto o "agir" se ocupa da **dimensão corporal**. A orquestração entre essas duas dimensões – mental e corporal – resulta na **inteligência real**, que possibilita implementar as ações necessárias no ambiente, a fim de obter resultados. O "pensar" e o "agir" são intrinsecamente interdependentes para gerar a **inteligência real** de um sistema inteligente – uma parte não tem valor sem a outra. Por exemplo, o "pensar" mais inteligente do universo ficaria incapacitado se não tivesse meios de "agir". Da mesma forma, os mais eficientes modos de "agir" ficam limitados sem o "pensar" que orquestre a sua atuação. Assim, quanto melhor estiverem alinhados "pensar" e "agir", maior tende a ser a inteligência real do ser.

Para avaliar o grau de importância que o "agir" exerce no processo da inteligência, veja a contribuição do nosso dedo polegar para a evolução da espécie humana: uma das grandes vantagens adaptativas/competitivas obtidas por nossos ancestrais foi a de terem desenvolvido esse dedo em específico para permitir uma oposição mais eficiente e, portanto, aumentar a destreza manual em manipular o ambiente.[1] Em outras palavras, a melhoria de apenas um dedo causou um aumento formidável na capacidade de "agir" dos hominídeos que nos precederam, permitindo que criassem e usassem melhores ferramentas, comessem carne e, assim, desenvolvessem seus cérebros com novos nutrientes, impulsionando a sua inteligência real e, consequentemente, a nossa evolução.

Podemos, portanto, definir a inteligência real de um ser como a combinação da sua capacidade de pensar e agir:

Inteligência Real = Capacidade de Pensar × Capacidade de Agir

---

1. Disponível em: https://www.smithsonianmag.com/science-nature/how-dexterous-thumbs-may-have-helped-shape-evolution-two-million-years-ago-180976870 e em: https://www.nature.com/articles/s41467-019-10306-w. Acesso em: 5 maio 2022.

Essa relação ocorre tanto em seres inteligentes orgânicos (como os humanos) quanto em seres inteligentes artificiais (como os robôs) ou seres híbridos (orgânicos/artificiais, como os biônicos ou os *cyborgs*). E é exatamente aqui que entra a robótica: se os sistemas de IA fornecem o "pensar artificial", funcionando como a dimensão mental da IA, a robótica, por sua vez, fornece o "agir artificial", funcionando como inteligência corporal, conferindo poder – tanto à IA quanto à inteligência humana – para transformar o ambiente.

Nesse sentido, a robótica nos oferece configurações corporais muito mais flexíveis e variadas do que as dos corpos humanos, cujas possibilidades são limitadas à nossa biologia – que, por sua parte, se adapta muito lentamente ao longo da evolução – e são definidas por poucas variações de tamanhos e materiais (carne, osso, pele, cabelo etc.).

No caso dos seres artificiais, as possibilidades de configuração são infinitas. Por exemplo, enquanto os corpos humanos são todos feitos de um material mole, pouco resistente, e com estrutura funcional muito parecida e pequena variação de tamanhos entre todos os indivíduos, os robôs, por outro lado, podem ter tamanhos extremamente variados, com dimensões que vão de microscópicas a gigantescas, além de poderem ser construídos com materiais extremamente moles e gelatinosos até aqueles altamente resistentes. Enquanto os humanos possuem apenas pés e pernas para caminharem, robôs podem ter rodas ou inúmeros outros mecanismos de locomoção, e é possível projetá-los para melhorar a *performance* em terrenos/meios variados.

Além disso, em algumas situações, quando a ação deve ser realizada em meios digitais, eventualmente a inteligência pode necessitar de corpos digitais (avatares) ou até mesmo prescindir de corpos para agir, como é o caso dos *bots*.

Portanto, o corpo humano nem sempre oferece a melhor forma de "agir", da mesma forma que o cérebro humano nem sempre oferece a melhor forma de "pensar" no ambiente (conforme visto nos capítulos anteriores, em que a IA "pensa" melhor algumas situações, por exemplo, grandes volumes de informação, enquanto o cérebro humano pensa melhor outras, como gestão da complexidade).

Assim, os corpos artificiais conseguem ser muito melhores para "agir" em determinadas situações do que os corpos humanos, conferindo-nos o poder extraordinário de combiná-los com os nossos corpos e as nossas mentes para aumentar a nossa inteligência total.

Quando pensamos em seres híbridos humanos/artificiais, o potencial é ainda maior, pois as possibilidades de configurações entre corpos e mentes de seres humanos e artificiais são limitadas apenas à imaginação, tornando-se infinitas e podendo ser projetadas cada vez mais rapidamente em função do objetivo de uso.

Assim, a partir do momento em que criamos mentes e corpos artificiais para nos complementar, passamos a **hackear a nossa evolução**, não dependendo mais apenas da adaptação biológica natural – **ampliamos, assim, a nossa inteligência e o nosso grau de controle sobre as leis da natureza**.

Nesse sentido, as possibilidades de combinações entre pensar e agir tornam-se cada vez mais ilimitadas, tendendo ao infinito e possibilitando, assim, o surgimento de diversos tipos de seres inteligentes híbridos no planeta.

Assim, a flexibilidade corporal oferecida pela robótica contribui com uma inteligência corporal complementar aos corpos humanos, alavancando a inteligência total da humanidade com um potencial equivalente às vantagens adaptativas que o polegar opositor proporcionou à evolução dos nossos ancestrais.

Este capítulo, portanto, é dedicado à robótica e às suas várias dimensões.

Robótica

Introduzida pelo escritor checo **Karel Čapek** em 1921, na sua peça R.U.R.[2] (*Rossum's Universal Robots*), a palavra "robô" deriva de *robota*, em checo, que significa trabalho,[3] e é a denominação que o autor dá a seres artificiais criados em fábricas para servir os humanos. De lá para cá, os robôs passaram a significar qualquer entidade – física ou virtual – que tenha vida artificial, independentemente do nível de inteligência. Entretanto, no sentido estrito da palavra, o termo "robô" é mais utilizado para corpos físicos totalmente artificiais, existindo outras categorias mais específicas para cada tipo, em função da sua aparência.

Dessa forma, quanto à aparência, as IAs podem ser classificadas em: robôs, *bots*, *androids* e *cyborgs* (híbridos). Vejamos.

Robôs

Robôs são corpos físicos totalmente artificiais: o que mais os diferencia das demais categorias de corpos artificiais é que eles têm forma, mas não humana. A maioria dos robôs são máquinas projetadas para executar uma tarefa sem nenhuma preocupação sobre a sua aparência, por exemplo, os robôs (industrial e militar) mostrados na Figura 6.1. Nesse sentido, os robôs são os corpos com maior potencial de variação de configurações a combinar formas, tamanhos e materiais. Um exemplo famoso da ficção científica é o robô B9, da série de televisão dos anos 1960 *Perdidos no Espaço*, também apresentado na mesma figura.

Figura 6.1 – Exemplos de robôs – da esquerda para a direita: (1) Bras robot industriel 6 axes de soudure, ARC Mate 120iC/10L de FANUC, foto de Phasmatisnox (Disponível em: https://commons.wikimedia.org/wiki/File:FANUC_6-axis_welding_robots.jpg. Acesso em: 11 jun. 2024); (2) BigDog (Disponível em: https://en.wikipedia.org/wiki/Robotics. Acesso em: 11 jun. 2024); e (3) B9, robô da série dos anos 1960 *Perdidos no Espaço* (Disponível em: https://www.pinterest.co.uk/estebanviotti/lost-in-space. Acesso em: 11 jun. 2024).

---

2. A peça começa com uma fábrica que produz pessoas artificiais, chamadas de *roboti* (*robots*), feitas de material sintético. Elas não são exatamente robôs, conforme a definição atual da palavra, pois são criaturas de carne e osso, e não máquinas, estando, assim, mais próximas da ideia moderna de clones. Elas podiam ser confundidas com humanos e pensar por si. Inicialmente, parecem felizes em trabalhar para os humanos, mas uma rebelião de robôs causa a extinção da raça humana. Na obra *War in the Newts*, posterior, o autor escolheu outra abordagem, na qual os não humanos se tornam uma classe de servidores da sociedade humana. Disponível em: https://en.wikipedia.org/wiki/R.U.R. Acesso em: 5 maio 2022.
3. Disponível em: https://www.forbes.com/sites/gilpress/2016/12/30/a-very-short-history-of-artificial-intelligence-ai/. Acesso em: 5 maio 2022.

Outros robôs famosos na ficção são o R2-D2 e o BB-8, de *Star Wars*. Em termos de aplicações reais, os robôs já vêm sendo utilizados por quase um século na manufatura[4] e, no exército,[5] desde a Segunda Guerra Mundial, atuando para coletar inteligência ou como soldados artificiais. Mais recentemente, com o avanço da robótica e das tecnologias de IA, o uso deles tem se expandido para além dos ambientes controlados e avançando para aqueles sociais, como é o caso do carro autônomo (um robô operado por IA), dos *drones* (autônomos ou guiados por humanos), dos robôs entregadores etc.

Bots

Bot é o apelido para *software robot*,[6] ou seja, um robô que não tem corpo físico. Os *bots* são programas computacionais que realizam tarefas automáticas. Teoricamente, um *bot* pode ser um agente que faz desde simples ações repetitivas e programadas até um agente inteligente autônomo, como o computador HAL 9000, da ficção *2001: uma odisseia no espaço*. A principal diferença dos *bots* para as demais categorias de robôs é que eles não têm corpos físicos. Eles podem não ter corpos visuais, atuando apenas como agentes de *software*, sem serem vistos, ou podem ter avatares, que os representem, como o *chatbot* A.L.I.C.E., de 1995 (Figura 6.2).

Figura 6.2 – Imagem do avatar do *chatbot* A.L.I.C.E. (*Artificial Linguistic Internet Computer Entity*), criado originariamente por Richard Wallace, em 1995, e que continuou a evoluir desde então. Disponível em: https://www.chatbots.org/chatbot/. Acesso em: 11 jun. 2024.

Conforme o ambiente em que atuam e os seus objetivos, os *bots* podem ser divididos em categorias distintas, sendo as que seguem as mais comuns.

Internet *bot*

São programas que desempenham alguma finalidade específica na internet. Por exemplo, os **web crawlers** são um tipo de internet *bot* usados pelos buscadores, como o Google, que navegam na *web* colhendo informações para gerar banco de dados e índices de busca. Existem também internet *bots* com **fins maliciosos**, cujo objetivo é atacar ou causar danos. Alguns exemplos incluem: **spambots** (colhem endereços de *e-mail* na internet para gerar *spam*), **downloaders** (programas que copiam

---

4. Disponível em: https://en.wikipedia.org/wiki/Industrial_robot. Acesso em: 5 maio 2022.
5. Disponível em: https://en.wikipedia.org/wiki/Military_robot. Acesso em: 5 maio 2022.
6. Disponível em: https://en.wikipedia.org/wiki/Bot. Acesso em: 5 maio 2022.

websites inteiros), **site scrapers** (programas que copiam *sites* inteiros para gerar automaticamente páginas de entrada), **vírus, cavalos de troia**, ataques de **DDoS** (Negação de Serviço Distribuído), **bots zumbis** (se apropriam de computadores para enviar *spam* ou gerar ataques de DDoS), entre outros.

Chatbot

São *bots* que conversam em linguagem natural, como o A.L.I.C.E., apresentado na Figura 6.2. De todas as categorias de *bots*, o *chatbot* é provavelmente a mais antiga, sendo Eliza[7] normalmente reconhecida como o primeiro do mundo. Criada em 1966 por Joseph Weinzenbaum, ela funciona como imitação de sessões de terapia. Alguns consideram o teste de Turing o 1º *chatbot* da história, na década de 1960, mas um que se tornou famoso foi o IBM Watson,[8] ao vencer dois humanos na competição do programa norte-americano de televisão Jeopardy, em 2006.[9]

No entanto, os *chatbots* começaram a se popularizar a partir de 2011, após o lançamento da Siri (assistente pessoal de IA dos dispositivos da plataforma iOS da Apple), que pavimentou a cultura para inúmeros outros assistentes de voz pessoais que foram aparecendo gradativamente no mercado, como o Google Now (2012), o Alexa (Amazon, 2015), o Cortana (Microsoft, 2015) e *bots* para Facebook Messenger (2016), por exemplo.

Nas empresas, os *chatbots* são cada vez mais comuns para automatização e filtragem de atendimento a clientes. Conforme as tecnologias de reconhecimento e síntese de fala evoluem,[10] a tendência é a adoção cada vez maior desse tipo de *bot* em todo tipo de interface computacional. Com o crescente interesse nas interfaces de voz inteligentes, surgem cada vez mais soluções, que variam de simples aplicações gratuitas a sofisticados agentes complexos, com todo tipo de finalidade.

Inúmeras grandes empresas desenvolvedoras de tecnologia oferecem plataformas de criação e testes de *chatbots*, como IBM, Microsoft e Facebook,[11] que podem ser acessadas gratuitamente por qualquer pessoa.

Chatbots são uma das categorias mais importantes de robôs, pois permitem interação e acesso a funções computacionais por meio da linguagem natural, que é uma das maneiras mais simples e rápidas para os seres humanos se comunicarem, especialmente na dimensão oral.

Por isso, é provável que em um futuro próximo todo tipo de *software* inclua uma interface aural inteligente.[12] Considerando que a Internet das Coisas (IoT) conectará virtualmente tudo o que existe com a internet (e, portanto, *software*), isso significa que, em breve, "conversaremos" com absolutamente tudo, o que tem o potencial de nos levar para um novo patamar de relações sociais, momento no qual talvez conversemos mais com "coisas" do que com outras pessoas.

---

7. Disponível em: https://www.chatbots.org/chatbot/eliza/. Acesso em: 5 maio 2022.
8. Watson é a plataforma de Inteligência Artificial da IBM que apresenta soluções cognitivas que vão de *chatbots* a sistemas de apoio até decisões em medicina. Disponível em: https://en.wikipedia.org/wiki/Watson_(computer). Acesso em: 5 maio 2022.
9. O vídeo do episódio do jogo de televisão Jeopardy, no qual Ken Jennings e Brad Rutter, dois dos maiores campeões da história do programa, competiram em uma partida contra o computador Watson, da IBM, está disponível em: https://youtu.be/WFR3lOm_xhE. Acesso em: 5 maio 2022.
10. Disponível em: https://futurism.com/googles-new-ai-can-mimic-human-speech-almost-perfectly/ e em: https://www.tecmundo.com.br/software/121122-reconhecimento-voz-microsoft-tem-menor-margem-erro-sempre.htm. Acesso em: 5 maio 2022.
11. Disponível em: https://developers.facebook.com/docs/messenger-platform. Acesso em: 5 maio 2022.
12. Se, por um lado, isso traz inúmeros benefícios para a nossa produtividade, por outro as interfaces ativadas por voz aumentam a preocupação sobre segurança e privacidade dos ambientes, pois somos cada vez mais cercados por interfaces que não vemos, mas que podem nos ouvir.

A evolução dos *chatbots* – do teste de Turing aos dias atuais – pode ser vista na Figura 6.3.

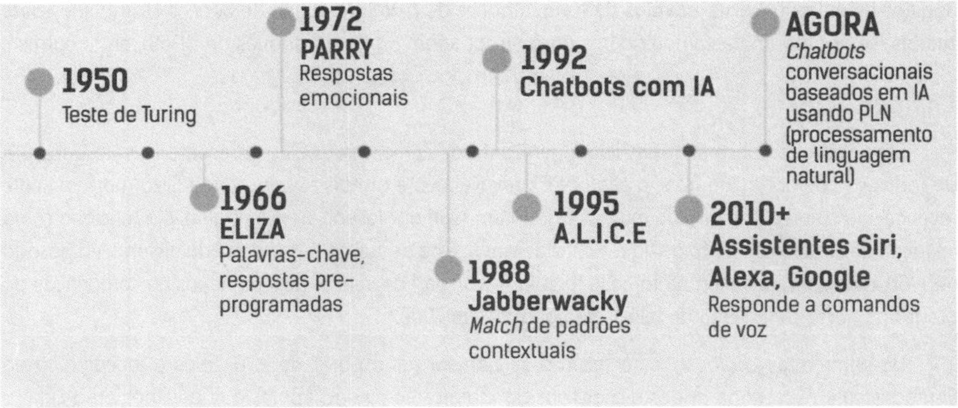

1950 Teste de Turing

1966 ELIZA Palavras-chave, respostas pre-programadas

1972 PARRY Respostas emocionais

1988 Jabberwacky *Match* de padrões contextuais

1992 Chatbots com IA

1995 A.L.I.C.E

2010+ Assistentes Siri, Alexa, Google Responde a comandos de voz

AGORA *Chatbots* conversacionais baseados em IA usando PLN (processamento de linguagem natural)

Figura 6.3 – Imagem que mostra a evolução dos *chatbots* ao longo da história – do teste de Turing aos *chatbots* domésticos e comerciais da atualidade. Disponível em: https://ingenuity.siemens.com/2021/09/are-chatbots-replacing-us-what-if/. Acesso em: 5 jun. 2024.

Botnets

Refere-se a uma rede de *bots* (*bot network*), isto é, um conjunto de dispositivos de internet conectados, cada um rodando um ou mais *bots*. Apesar de, tecnicamente, *botnets* não serem entidades boas ou ruins (são apenas redes de *software* para processos de computação distribuída), eles normalmente têm uma conotação negativa, pois são frequentemente usados em atividades maliciosas, como ataques de DDoS, roubo de dados, envio de *spam* e para permitir acesso a *hackers* por meio da sua conexão.

RPA (*Robotic Process Automation*) ou "Automação Robotizada de Processos"

Essa categoria de *bots*, em conjunto com a de *chatbots*, é a que mais cresce em adoção nas organizações no mundo. RPA são *bots* de execução de processos que permitem automatizar todo tipo de atividades repetitivas. É o mesmo processo que se deu na manufatura no século XX, quando se introduziram robôs que passaram a executar e automatizar atividades físicas – só que agora a RPA executa e automatiza tarefas intelectuais.

Ela age como uma pessoa que utiliza um computador ou máquina virtual, interagindo diretamente na interface dos sistemas (como se fosse um humano), movendo *mouses*, clicando em elementos e simulando a digitação de textos. Diferentemente das automações tradicionais de *software*, que funcionavam como um programa, com uma lista de atividades a serem executadas, a RPA possibilita a configuração de ações mais sofisticadas, que não precisam estar restritas a um único programa, além de permitir o aprendizado e a melhoria contínua dos processos por meio de *machine learning*. O *bot* aprende e aprimora sua interação com a interface e pode, inclusive, tomar algumas decisões objetivas.

Isso significa uma profunda transformação no trabalho intelectual, pois, com a RPA, passamos a ter cada vez mais times mistos de trabalhadores, em que os *bots* RPA fazem a parte operacional e os humanos aplicam a sua inteligência para melhorar esses processos e executar outras operações que exijam análises mais complexas. Um exemplo de uso popular de RPA é em *call centers*, onde o *bot* é

Cap. 6 • Corpos de Inteligência Artificial: robótica, biônica e cibernética | 91

responsável por registrar atualizações, verificar pedidos, abrir históricos de dados etc., enquanto os humanos podem se dedicar a analisar a *performance* e otimizá-la.

Uma categoria especial de *bots* são os humanos virtuais – eles utilizam avatares digitais em 3D que se assemelham cada vez mais com humanos, como é o caso da Lu, influenciadora digital do Magazine Luiza ou Magalu. Ela alcançou a marca de 30 milhões de seguidores em suas redes sociais, tornando-se, em 2022, o humano virtual mais popular do planeta[13] (Figura 6.4).

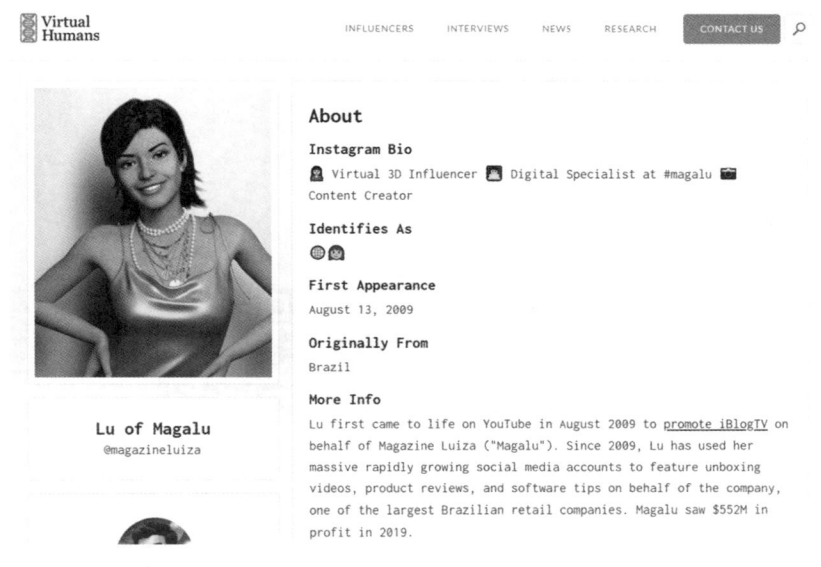

Figura 6.4 – Imagem do perfil da Lu, do Magalu, no Virtual Humans. Disponível em: https://www.virtualhumans.org/human/lu-do-magalu. Acesso em: 5 jun. 2024.

Muitas vezes, esses *bots* são autônomos (operados por IA), comportando-se como verdadeiros humanos virtuais, como é o caso de Douglas, que você pode ver no vídeo disponível no *link* da Figura 6.5.

Figura 6.5 – Imagem do vídeo de demonstração de Douglas, um humano virtual autônomo. Disponível no QR Code ou em https://youtu.be/RKiGfGQxqaQ. Acesso em: 5 jun. 2024.

---

13. Disponível em: https://www.virtualhumans.org/article/the-most-followed-virtual-influencers-of-2022. Acesso em: 5 maio 2022.

Androids

São robôs que têm formas humanas (humanoides) ou organismos sintéticos projetados para se parecer e agir como tal, especialmente aqueles cujo revestimento se assemelha com a pele humana. Normalmente, são considerados mais inteligentes do que os robôs. Os *androids* possuem gênero: os masculinos são *androids* e os femininos, *gynoids*. Até recentemente, eles existiam apenas na ficção científica, mas os recentes avanços da tecnologia robótica permitiram projetar robôs humanoides funcionais no mundo real, como a Erica ou a Sophia, que podem ser vistas, respectivamente, por meio das Figuras 6.6 e 6.7.

Figura 6.6 – *Gynoid* Erica e seu criador, Hiroshi Ishiguro, podem ser vistos no vídeo por meio do QR Code ou em: https://youtu.be/oRlwvLubFxg. Acesso em: 5 jun. 2024.

Figura 6.7 – *Gynoid* Sophia. Disponível por meio do QR Code ou em: https://www.youtube.com/watch?v=BhU9hOo5Cuc. Acesso em: 5 jun. 2024.

A criação de *androids* está cada vez mais relacionada com as tecnologias e as questões de clonagem humana – em vez de construir e desenvolver cérebros e corpos artificiais a partir do zero,

Cap. 6 · Corpos de Inteligência Artificial: robótica, biônica e cibernética | 93

existe uma linha de pesquisadores que investe na duplicação tanto de corpos (tecidos, órgãos, seres completos) humanos quanto de mentes (*mind clones*) para uso em *androids*. Um exemplo de *mind clone* é o caso de Bina48 (Figura 6.8), uma cabeça *gynoid* que, além de ter olhos e ouvidos digitais que veem e ouvem, é uma mente digital que permite conversação.

Criada pela Hanson Robotics para Martine Rothblatt com base na compilação de memórias, sentimentos e crenças da sua esposa, Bina48 foi projetada para testar hipóteses referentes à habilidade de transferir a consciência de um ser humano para um ser não biológico e ser usada em um *software* consciente no futuro.

Figura 6.8 – Imagem de *frame* do vídeo Bloomberg mostrando Bina48 (esquerda) e sua proprietária, Martine Rothblatt, com a esposa (direita). O vídeo pode ser visto por meio do QR Code ou em: https://youtu.be/4bqZp9TPYVk. Acesso em: 5 jun. 2024.

Outro caso de *androids* clonados de imagens de seres humanos se deu no concurso *Geminoid Summit* do ATR (Advanced Telecommunications Research Institute), em 2011, no Japão, em que o Prof. Hiroshi Ishiguro (o inventor dos *Geminoids*) e mais duas pessoas tiveram a aparência clonada em *androids*, tornando-se, assim, seus respectivos gêmeos (ver Figura 6.9).

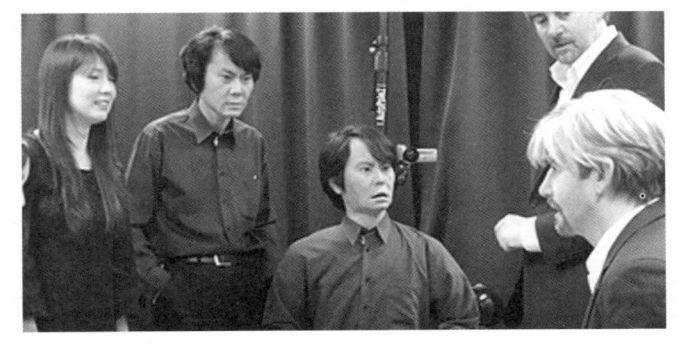

Figura 6.9 – Imagem de *frame* do vídeo em que o Prof. Hiroshi Ishiguro (inventor dos *Geminoids*), o Prof. Henrik Schärfe e uma modelo se reúnem com as suas duplicatas sintéticas para uma foto, em 2011. O vídeo pode ser visto por meio do QR Code ou em: https://youtu.be/dPScYhrwrgw. Acesso em: 5 jun. 2024.

Existem inúmeras questões relacionadas com o desenvolvimento de *androids* com base em processos de clonagem, que vão desde filosóficas, éticas e religiosas até discussões sobre sustentabilidade e riscos sociais, mas que não cabem no escopo deste livro. No entanto, é importante ressaltar a sua importância e, assim, sua necessidade de atenção e aprofundamento tanto por parte da comunidade científica/acadêmica quanto da sociedade.

Cyborgs[14]

São seres híbridos, formados tanto por partes orgânicas quanto biomecatrônicas. O termo, uma junção de **cyb**ernetic[15] **org**anism, foi cunhado em 1960 por Manfred Clynes e Nathan S. Kline. Apesar de androids também poderem ter partes orgânicas, existem duas diferenças principais entre um cyborg e um android: (1) cyborgs são organismos que têm alguma função restaurada ou habilidade modificada (normalmente ampliada)[16] devido à integração de algum componente artificial ou tecnologia que se baseia em algum tipo de feedback (controle); (2) cyborgs seriam uma nova fronteira para os organismos, mais profunda do que a relação entre partes: uma ponte entre mente e matéria (Halacy, 1965).

Assim, no caso de robôs, bots e androids, o controle do corpo é feito por meio de um único centro, ou seja, é controlado por apenas um tipo de inteligência (humanos ou IA). Já nos cyborgs, o controle do organismo é integrado entre duas ou mais inteligências e funciona em conjunto com as suas partes artificiais.

Exemplos de cyborgs na ficção são o famoso Darth Vader, de Star Wars, e Motoko Kusanagi, do mangá Ghost in the Shell, que virou filme em 2017.

Cyborgs normalmente remetem à ideia de organismos humanos, mas, na realidade, o conceito pode ser aplicado a qualquer tipo de organismo. Em 2013, no TEDGlobal, em Edimburgo, o pesquisador Greg Gage apresentou o RoboRoach[17] (barata-robô, em inglês), primeiro kit comercial para criação de animais cyborgs, no caso, uma barata (ver vídeo de demonstração na Figura 6.10).

Apesar de esse não ser o primeiro cyborg inseto do mundo, é o primeiro caso de disponibilização comercial para o público geral utilizar esse tipo de experimento. O kit completo[18] é vendido por pouco mais de 100 dólares e tem como finalidade ensinar e promover o interesse em neurociência (já que permite que uma criança consiga fazer a cirurgia em uma barata e controlar o seu cérebro por meio do experimento, em apenas 15 minutos). No entanto, vários grupos de proteção animal se manifestaram[19] e expressaram preocupação com esse projeto.

---

14. Cyborg não é o mesmo que organismos biônicos – esses últimos são corpos criados por engenharia inspirada na natureza (bio + electronics). Disponível em: https://en.wikipedia.org/wiki/Bionics. Acesso em: 5 maio 2022.
15. O termo cibernética, criado por Norbert em 1948, é "o estudo científico do controle e comunicação em animais e máquinas". No século XXI, o termo é usado no sentido mais amplo, significando o "controle de qualquer sistema usando tecnologia". Em outras palavras, é o estudo científico de como humanos, animais e máquinas controlam e se comunicam entre si.
16. Algumas vezes, como nesse sentido de expandir e ampliar as habilidades humanas, os termos cyborgs e transumanos se sobrepõem. No entanto, não são sinônimos e se diferenciam em termos de abrangência. Por exemplo, transumanismo é focado em ampliar as habilidades do ser humano, e não de qualquer animal, como ocorre com cyborgs. Além disso, no caso do transumanismo, a ampliação do ser humano por meio da tecnologia não implica a substituição de partes, e pode ser feita apenas com expansão cerebral remota. Assim, nem todo transumano é um cyborg e nem todo cyborg é um transumano. Alguns cyborgs são transumanos e alguns transumanos são cyborgs.
17. Disponível em: https://blog.ted.com/introducing-the-roboroach-greg-gage-at-tedglobal-2013/ e em: https://www.forbes.com/sites/bruceupbin/2013/06/12/science-democracy-roboroaches/. Acesso em: 5 maio 2022.
18. Kit RoboRoach disponível no site da empresa que o produz, BackyardBrains, em: https://backyardbrains.com/products/roboroach. Acesso em: 5 maio 2022.
19. Disponível em: https://www.bbc.com/news/technology-22786371 e em: https://newsfeed.time.com/2013/11/01/cyborg-cockroaches-are-coming-but-not-if-peta-has-anything-to-say-about-it/. Acesso em: 5 maio 2022.

Cap. 6 · Corpos de Inteligência Artificial: robótica, biônica e cibernética | 95

Figura 6.10 – Imagem do vídeo de demonstração do funcionamento do RoboRoach (barata *cyborg*), em que uma barata "chipada" é controlada por meio de um *smartphone*. O vídeo pode ser visto por meio do QR Code ou em: https://youtu.be/L0jBzi-gKco. Acesso em: 5 jun. 2024.

Experimentos parcialmente bem-sucedidos que usam tecnologias em humanos e visam restaurar suas funcionalidades perdidas existem desde, pelo menos, a década de 1970.[20] No entanto, o primeiro *cyborg* humano bem-sucedido foi criado pelo cientista médico Philip Kennedy em 1997, a partir de um veterano de guerra que tinha sofrido um derrame, Johnny Ray (Baker, 2008, p. 50). Desde então, com a melhoria das interfaces entre as tecnologias e o corpo humano – como as BCI (*Brain Computer Interface*) –, a evolução das possibilidades é cada vez maior, com aplicações em inúmeras áreas, como medicina, arte, militar, transumanismo, esportes, entre outros.[21] Em 2016, além das Paralimpíadas do Rio – que apresentaram, em sua abertura, a belíssima dança da bailarina Amy Purdy com um robô (Figura 6.11) –, ocorreu também em Zurique, na Suíça, a primeira olimpíada de *cyborgs*, a Cybathlon 2016, que foi também a primeira celebração oficial do esporte *cyborg*.

Figura 6.11 – Imagem da bailarina Amy Purdy (Fonte: Tomaz Silva/Agência Brasil. Disponível em: https://en.wikipedia.org/wiki/Amy_Purdy. Acesso em: 11 maio 2022) dançando com um robô na abertura dos Jogos Paralímpicos do Rio, em 2016. Um trecho da sua *performance* pode ser visto por meio do QR Code ou em: https://youtu.be/BdlaDxthLz0. Acesso em: 5 jun. 2024.

Hugh Herr, líder do grupo de biomecatrônica do MIT Media Lab, mostrou em seu TED Talk como funcionam um corpo *cyborg*, os membros biônicos[22] e as próteses robóticas (Figura 6.12).

---

20. Disponível em: https://www.wired.com/2002/09/vision/. Acesso em: 5 maio 2022.
21. Ver inúmeros exemplos em: https://en.wikipedia.org/wiki/Cyborg. Acesso em: 5 maio 2022.
22. Biônico refere-se a objetos artificiais projetados com inspiração nas funcionalidades existentes na natureza.

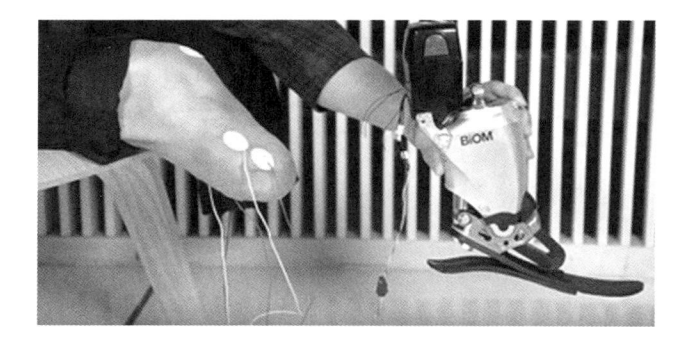

Figura 6.12 – Imagem do TED Talk de Hugh Herr mostrando o funcionamento de organismos cibernéticos (*cyborgs*). O vídeo também apresenta a *performance* da dançarina Adrianne Haslet-Davis, que perdeu a perna esquerda no bombardeio da Maratona de Boston, em 2013, e pode ser visto por meio do QR Code ou em: https://youtu.be/CDsNZJTWw0w. Acesso em: 5 jun. 2024.

Atualmente, as aplicações mais avançadas em organismos humanos cibernéticos estão relacionadas com restauração de visão e movimento – o QR Code da Figura 6.13 dá acesso a seis exemplos atuais de *cyborgs*, inclusive o do artista Neil Harbisson, que nasceu sem a habilidade de ver cores e, para resolver o problema, instalou uma antena eletrônica na nuca. A antena transforma frequências de luz em vibrações, que o seu cérebro interpreta como um som, permitindo que ele "ouça as cores". Essas frequências são capazes de ir além do espectro visual, permitindo que ele "ouça" frequências invisíveis, como o infravermelho e o ultravioleta.

Figura 6.13 – Imagem do artista *cyborg* Neil Harbisson e QR Code de acesso à matéria que apresenta seis casos atuais. Fonte: https://futurism.com/six-of-todays-most-advanced-real-life-cyborgs/. Acesso em: 5 jun. 2024.

Mente, corpo e alma

Vimos, no início deste capítulo, que a robótica amplia a inteligência corporal no mundo; já os sistemas de IA, a inteligência mental. No entanto, se essa inteligência crescente não for balizada pela moral e pela ética, o seu aumento será um dos maiores riscos para a humanidade. Portanto, no próximo capítulo discutiremos segurança, moral e ética, a alma de IA, para garantir a sustentabilidade humana em um mundo cada vez mais inteligente.

CAPÍTULO 7

Alma de Inteligência Artificial: segurança, moral e ética

Eu não sei quais serão as armas da 3ª Guerra Mundial,
mas as da 4ª Guerra Mundial serão paus e pedras.

— Albert Einstein

Conforme criamos **seres artificiais cada vez mais inteligentes**, torna-se também cada vez mais fundamental discutir **de que forma essa inteligência crescente no planeta será utilizada**, pois suas decisões tendem a afetar profundamente todos e cada um de nós.

Sabemos que em algumas décadas provavelmente a Inteligência Artificial (IA) alcançará o nível de **superinteligência**. Assim, nesse sentido, quanto mais alto o nível de inteligência – seja ela humana, seja ela artificial –, maior o seu poder tanto de realização quanto de destruição. Portanto, o desenvolvimento e a atuação de seres inteligentes artificiais devem **focar não apenas o que eles são capazes de fazer**, mas também, e principalmente, **aquilo que devem ou não fazer**. Sem isso, quanto maior for a inteligência, mais perigosa ela se torna.

Em função disso, temos testemunhado, especialmente na última década, a crescente preocupação da comunidade científica com a possibilidade da utilização da **IA para fins nocivos à humanidade**. Um exemplo disso, como visto anteriormente na primeira parte deste livro, é que mais de 1.000 *experts* em IA assinaram, em julho de 2015, uma carta de advertência sobre a **ameaça de uma corrida de armas em IA militar**, com pedido para **banir armas autônomas** – *Ban Lethal Autonomous Weapons*.[1]

Nesse sentido, para garantir **a segurança e a sustentabilidade da humanidade** nessa jornada de ascensão de inteligências, as discussões sobre os padrões para avaliar, implementar e monitorar a IA têm ganhado corpo. A área do conhecimento que concentra essas iniciativas é denominada **IA responsável**,[2] tendo por objetivo garantir que as **soluções de IA** sejam **seguras**, **confiáveis** e **imparciais**, sempre **centradas no ser humano**.

---

1. Disponível em: https://autonomousweapons.org/. Acesso em: 4 abr. 2022.
2. Ou, em inglês, *Responsible AI*.

No entanto, apesar de fundamental, **explicar decisões tomadas por sistemas neurais** (humanos ou artificiais) é uma tarefa **complexa**. Nós, seres humanos, não conseguimos explicar ou visualizar facilmente muitas das decisões que tomamos no dia a dia.

Por exemplo, imagine que goste igualmente de pasta e *pizza*: você consegue explicar em detalhes como escolhe uma ou outra em um restaurante onde as duas opções estejam disponíveis? Ou, ainda, considerando que goste de todas as suas blusas/camisas de verão –, você consegue explicar como decide usar uma ou outra em cada dia? Assim como no cérebro humano, o mesmo pode ocorrer com a IA. A escolha de alimentos ou roupas pode ser algo bastante simples, sem grandes consequências, ou, ao contrário, ser algo bastante complexo, com impactos profundos em nossas vidas.

Por exemplo, no caso de uma pessoa diabética, a escolha dos alimentos é vital, enquanto para outra pode ser algo trivial. Se uma determinada cor de roupa significa algo em uma cultura, usá-la pode representar apoio a algo violento ou antiético, enquanto em outras, não. Portanto, como todas as decisões possuem consequências, precisamos garantir que os impactos delas sejam considerados nos sistemas encarregados para tal – tanto humanos quanto artificiais.

Assim, buscando solucionar essa questão em sistemas computacionais inteligentes, os padrões de IA responsável precisam garantir que sejam **robustos**, **explicáveis**, **éticos** e **eficientes**.

Inteligência Artificial robusta e eficiente

A IA robusta refere-se a uma metodologia de desenvolvimento que garante um **desempenho adequado dos sistemas inteligentes**, objetivando a evitar qualquer tipo de erros que possam causar danos à sociedade, como foi o caso do **Flash Crash** de 2010,[3] visto anteriormente, em que a **Bolsa de Nova York** foi **fechada** depois de uma **quebra trilionária** que envolvia transações algorítmicas,[4] servindo então como um alerta para novas regulamentações.

A partir do momento em que sistemas inteligentes passam a conviver e a interagir cada vez mais com humanos, bem como a tomar decisões autônomas que impactam a humanidade, é preciso garantir que essas interações e decisões nos tragam segurança em todas as dimensões de nossas vidas: física, psicológica, financeira, ambiental etc.

Inteligência Artificial explicável[5]

Além de desempenho adequado, garantido por uma IA robusta, é essencial que esses sistemas inteligentes sejam capazes de **explicar como tomaram as suas decisões** para que sejam confiáveis para os seres humanos. Nesse sentido, o objetivo da IA explicável é esclarecer o que foi feito (no passado), o que está sendo feito neste exato momento e o que será feito a seguir, assim como apresentar as informações utilizadas na tomada de ação. Essas características permitem: (1) confirmar o conhecimento

---

3. Disponível em: https://en.wikipedia.org/wiki/2010_Flash_Crash. Acesso em: 4 abr. 2022.
4. Disponível em: https://www.theguardian.com/business/2015/apr/22/2010-flash-crash-new-york-stock-exchange-unfolded. Acesso em: 4 abr. 2022.
5. *Explainable IA* ou XAI, em inglês.

existente; (2) desafiar o conhecimento existente; (3) gerar novas hipóteses. Isso é essencial para o desenvolvimento responsável de sistemas inteligentes.

IA ética, moral e legal

A ética é um dos principais pilares do desenvolvimento social humano. Códigos e valores éticos permitem a nossa evolução sustentável como humanidade, pois sem isso não seríamos capazes de caminhar em direção a um bem comum, maior do que os nossos interesses individuais. A ética é a virtude necessária para que o ser humano consiga conviver em comunidade. Sem acordos éticos, viveríamos isolados, fragmentados, em conflito constante uns com os outros, como animais selvagens – seríamos frágeis. Em grupo, somos mais fortes, e a ética é a "cola" que nos une para que, apesar das diferenças individuais, consigamos somar forças para evoluir como espécie. A ética nos fortalece.[6]

Além da ética, a moral e as leis também são fundamentais para a sustentabilidade social. **Ética** vem do grego *ethos*, que significa "modo de ser"; **moral** vem do latim *moralis*, que significa "costumes"; e **lei** vem do latim *legere*, que significa "obrigação civil escrita e promulgada". As três – ética, moral e leis – estão intimamente relacionadas: enquanto a ética é um **conjunto de valores amplos negociados em sociedade**, que idealizam como um indivíduo "deve se comportar", com caráter mais universal e atemporal, a moral, por sua vez, é a **parametrização objetiva de valores e costumes**, regionais e temporais, que podem ser oriundos da ética, da cultura ou da religião e com caráter normativo, específico, normalmente traduzido em um **código de conduta** ou **leis**.

Temos que perguntar não apenas o que os computadores podem fazer, mas também o que devem fazer.

— **Satya Nadella, CEO da Microsoft**

Da mesma forma que as atitudes de qualquer indivíduo em uma sociedade devem ser regidas pela ética, pela moral e pelas leis, precisamos garantir que os sistemas inteligentes, conforme evoluem, também sejam éticos, morais e legais. Nesse sentido, os vieses podem acontecer em três dimensões no desenvolvimento de sistemas: dados, algoritmo, humano. Vejamos cada uma delas e como estão presentes em nossas vidas de forma cada vez mais intensa.

Vieses de dados

Considerando que a vertente de IA que cresce mais rapidamente é *machine learning* e que os dados são o alimento da aprendizagem de máquina, o uso destes em sistemas inteligentes tem atraído cada vez mais atenção no mundo. A qualidade dos dados que entram em um sistema afeta consideravelmente os seus resultados, portanto precisamos garantir que os sistemas aprendam com aqueles de boa qualidade – sem vieses, éticos, legais, morais, qualificados, atualizados etc.

Para ilustrar como os dados são importantes em um processo de aprendizagem de máquina, o Massachusetts Institute of Technology (MIT) criou o Norman, um *chatbot* que foi treinado com dados de comportamento pscicopata e que, em consequência disso, se tornou uma IA psicopata (Figura 7.1).

---

6. Transcrição retirada do Capítulo 9 – "Tecnologia e Ética" – do livro *Você, eu e os robôs: como se transformar no profissional digital do futuro*. Para se aprofundar no assunto, recomendamos a leitura do capítulo original.

Figura 7.1 – *Link* ou QR Code para a imagem da página de entrada do *chatbot* psicopata Norman. Disponível em: http://norman-ai.mit.edu/. Acesso em: 6 jun. 2024.

Em outras palavras, nos sistemas vale a regra *Shit IN, Shit OUT*,[7] que no caso de sistemas inteligentes é ainda mais grave, pois eles escalam os resultados, ou seja, automatizam os processos de forma cada vez mais veloz e eficiente. Assim, se entrarmos com dados ruins, obteremos mais rapidamente um volume muito maior de resultados insatisfatórios na sociedade. E isso vale não apenas em relação à qualidade dos dados, mas também à sua legalidade, por isso temos visto nos últimos anos a ascensão de leis como **GDPR**,[8] na Europa, e **LGPD**,[9] no Brasil, visando à proteção de dados pessoais, para evitar o seu uso invasivo e inadequado, a fim de que não possam trazer prejuízos ou manipulações aos seus donos ou à sociedade.

Vieses de algoritmos

Se, por um lado, os dados são o alimento da inteligência, por outro não bastam por si só para se tornar inteligentes, uma vez que a inteligência envolve tanto a captura adequada quanto a manipulação e o processamento desses dados. E é exatamente aí que entram os vieses de algoritmo. A forma como os dados são processados pode conduzir a resultados bastante distintos em função do objetivo final do algoritmo.

Um algoritmo é uma sequência finita de regras e procedimentos que levam à solução de um problema. Por exemplo, uma receita de bolo é um algoritmo – ela define precisamente os dados que serão necessários (tipos de ingredientes e suas quantidades), bem como os equipamentos (procedimentos), e apresenta detalhadamente a sequência de passos a serem executados (regras e procedimentos finitos) para obter como resultado aquele bolo. Se mudarmos a forma de preparo (algoritmo) em uma

---

7. Ditado antigo usado na área de Ciências da Computação para expressar a importância dos dados em um sistema. Em português, seria algo como "droga entra, droga sai".
8. Disponível em: https://gdpr-info.eu/. Acesso em: 6 abr. 2022.
9. Disponível em: https://www.lgpdbrasil.com.br/. Acesso em: 6 abr. 2022.

receita, ainda que mantenhamos os mesmos dados (ingredientes), não obteremos o mesmo bolo, certo? O mesmo acontece com algoritmos computacionais – os mesmos dados em algoritmos distintos geram resultados diferentes.

Portanto, o desenvolvimento do algoritmo é crucial para garantir que não contenha em si determinantes de enviesamentos éticos, favorecendo ou privilegiando qualquer grupo ou indivíduo. Por exemplo, voltando à receita do bolo, se ela é criada por alguém que valoriza alimentação saudável, será diferente de uma elaborada por uma empresa que deseje incluir seus produtos na manufatura do bolo. Considerando que todos nós somos enviesados em algum grau, a melhor forma de minimizar vieses é criar times de desenvolvedores com o maior grau possível de diversidade – dessa forma, será considerado o maior número possível de visões e objetivos no desenvolvimento do sistema, atendendo ao maior número possível de indivíduos e grupos de interesse.

Vieses humanos

Os desenvolvedores humanos, assim como todo ser humano, possuem vieses pessoais que direcionam a sua programação. Isso determina como cada um deles escreve/desenvolve o código e o que considera bom ou ruim. Para alguns, a **performance** do sistema é o fator principal a ser considerado. Outros, no entanto, focam a **interface do usuário** acima de tudo – alguns em torná-la mais bela; outros, com maior usabilidade. **Segurança**, **arquitetura**, **elegância**, **robusteza**, **resiliência**, **tipo de plataforma**, **linguagem de programação**, entre vários outros fatores, podem ser foco de vieses pessoais no desenvolvimento.

Enquanto o viés de algoritmos refere-se ao objetivo final, ao resultado obtido pela aplicação do algoritmo, aqui o viés de desenvolvedor refere-se às preferências e às crenças pessoais de quem está envolvido no desenvolvimento – e pode também, por sua vez, causar enviesamento do sistema. A melhor forma de minimizar esse tipo de problema também é buscar a formação de equipes de desenvolvedores com o maior grau de diversidade possível, ampliando os tipos de atuação sobre a criação dos sistemas.

Amplificação tecnológica de riscos

Se, por um lado, vencer cada tipo de viés separadamente – dados, algoritmos e desenvolvedores – já é desafiador, por outro devemos lembrar que, nos sistemas, esses vieses acontecem ao mesmo tempo, tornando muito mais complexo combatê-los. Considerando também que, quanto mais digital o mundo se torna, mais dados geramos e passamos a experimentá-lo cada vez mais por meio de sistemas computacionais inteligentes, amplificam-se os impactos dos seus eventuais vieses na sociedade e, portanto, em nossas vidas.

Vejamos, então, alguns dos principais riscos digitais cada vez mais presentes em nosso cotidiano.

Ampliação de riscos digitais

Mídias sociais e sistemas digitais

Uma das maiores fontes de geração de dados pessoais são as mídias sociais. Cada vez que postamos, curtimos, comentamos, visualizamos e navegamos, estamos compartilhando dados valiosos sobre nossas preferências, nossas crenças, nossos desejos, nossos medos, nossos relacionamentos, nossas compras, nossas decepções e nossas aspirações. Esses dados compartilhados vão criando uma espécie de dossiê sobre cada um de nós, que pode ser usado por sistemas inteligentes para ajudar a melhorar as nossas experiências, personalizando-as e se antecipando para atendê-las. No entanto, esse mesmo dossiê pode ser usado para nos manipular.[10]

Um exemplo de utilização de dados pessoais para influenciar o público foi a campanha das eleições presidenciais de Donald Trump nos Estados Unidos, em 2016,[11] que utilizou *dark posts*[12] no Facebook. Quanto mais dados se tem sobre uma pessoa, mais se alimentam os sistemas inteligentes que determinam a sua personalidade. Com isso, é possível direcionar mensagens cada vez mais assertivas para cada tipo de público, de acordo com as suas características.

Em psicologia, existem cinco pilares de personalidade, também conhecidos como *big five* ou OCEAN:[13]

O – **openness** *to experience* – abertura a experiências;

C – **conscientiousness** – conscienciosidade (cuidadoso, diligente);

E – **extraversion** – extroversão;

A – **agreeableness** – simpatia/amabilidade;

N – **neuroticism** – neuroticismo ou estabilidade emocional.

Cada vez que alguém interage em uma plataforma, mais dados fornece para refinar o cálculo da sua personalidade. Por exemplo, quando um indivíduo responde a um questionário para determinar com qual celebridade se parece, está fornecendo dados que podem ser usados para melhorar o cálculo determinante de sua personalidade. Imagine que ele tenha um fator "O" (abertura a experiências) forte – mensagens que remetam a aventuras e conquistas serão mais bem aceitas do que comunicações sobre segurança, que atrairiam mais um indivíduo com fator "N" (neuroticismo) acentuado. Assim, quanto mais preciso for o cálculo da personalidade, maior a probabilidade de que a mensagem direcionada consiga influenciar o indivíduo, sem que ele perceba.

Para conhecer um pouco mais sobre o grau de sofisticação com que as plataformas de mídias sociais e os sistemas digitais utilizam os dados dos seus usuários, recomendo assistir aos documentários *Privacidade hackeada*,[14] *Coded Bias*,[15] *O dilema das redes*[16] e *A era dos dados*[17] (série documental) – ver Figuras 7.2, 7.3, 7.4 e 7.5.

---

10. Recomendamos a leitura da primeira parte do livro *Você, eu e os robôs: como se transformar no profissional digital do futuro*, para se aprofundar nos impactos da tecnologia na humanidade – privacidade, moral, ética, comportamento, manipulação, vícios etc.
11. Disponível em: https://www.wired.com/story/trump-dark-post-facebook-ads/. Acesso em: 6 abr. 2022.
12. *Dark post* é uma publicação patrocinada segmentada para um grupo específico de pessoas e que não aparece na página/perfil de quem a posta. Em outras palavras, é um *post* que fica oculto para o público em geral que segue e acessa aquela página/perfil, aparecendo apenas no *feed* de notícias de algumas pessoas que têm o perfil escolhido para visualizá-lo.
13. Disponível em: https://en.wikipedia.org/wiki/Big_Five_personality_traits. Acesso em: 6 abr. 2022.
14. Título original em inglês: *The Great Hack* (2019). Disponível em: https://en.wikipedia.org/wiki/The_Great_Hack. Acesso em: 6 abr. 2022.
15. Disponível em: https://en.wikipedia.org/wiki/Coded_Bias. Acesso em: 6 abr. 2022.
16. Título original em inglês: *The Social Dilemma*. Disponível em: https://en.wikipedia.org/wiki/The_Social_Dilemma. Acesso em: 6 abr. 2022.
17. Título original em inglês: *Connected*. Disponível em: https://en.wikipedia.org/wiki/Connected_(2020_TV_series). Acesso em: 6 abr. 2022.

Cap. 7 • Alma de Inteligência Artificial: segurança, moral e ética | 105

Eles mostram, por meio de casos reais, o poder manipulativo que os dados proporcionam àqueles que os detêm e como os sistemas podem ser direcionados para objetivos que beneficiem seus criadores, e não seus usuários.

Figura 7.2 – *Link* ou QR Code para a imagem de divulgação do documentário *Privacidade hackeada* (2019) e para o *trailer* oficial. Disponível em: https://youtu.be/wjXYCrxRWqc. Acesso em: 6 jun. 2024.

Figura 7.3 – *Link* ou QR Code para a imagem de divulgação do documentário *Coded Bias* (2020) e para o *trailer* oficial. Disponível em: https://youtu.be/jZl55PsfZJQ. Acesso em: 6 jun. 2024.

Figura 7.4 – *Link* ou QR Code para a imagem de divulgação do documentário *O dilema das redes* (2020) e para o *trailer* oficial. Disponível em: https://youtu.be/slNayjEi5bM. Acesso em: 6 jun. 2024.

Figura 7.5 – *Link* ou QR Code para a imagem de divulgação da série documental *A era dos dados* (2020) e para o *trailer* oficial. Disponível em: https://youtu.be/B-aZrftUPlk. Acesso em: 6 jun. 2024.

Reconhecimento facial

Além de funcionar como identificação biométrica, o rosto de uma pessoa também revela muito sobre ela, inclusive suas emoções.[18] Assim, a leitura facial pode fornecer muito mais dados do que apenas o reconhecimento para identificar e autenticar um sistema. No entanto, isso frequentemente passa despercebido por uma grande parte das pessoas. Some-se a isso que, enquanto uma senha pode ser trocada quantas vezes se deseje e é fornecida apenas quando solicitada, no caso da face ocorre o oposto – não se pode trocar, e normalmente ela está sempre à mostra. Nesse sentido, a leitura facial por meio de sistemas inteligentes oferece dados pessoais que permitem um grau bastante profundo de manipulação, devendo, portanto, ser usada com muito cuidado para não incorrer em resultados prejudiciais ao usuário.

Uma outra dimensão do reconhecimento facial é a questão de privacidade e eventuais vieses de dados. Como mencionado, normalmente as pessoas estão com a face à mostra e em todos os lugares. Isso favorece o rastreamento em quaisquer câmeras (*on-line* ou de vigilância) sem a prévia autorização do usuário. Mesmo com o uso de máscaras, é possível fazer reconhecimento facial – já era antes da pandemia de 2020 e se intensificou depois da adoção maciça de uso de máscaras faciais –, desencadeando, inclusive, ações e tecnologias de resistência.[19] O sistema Anonymizer, da Generated Media (Figura 7.6), é um exemplo desse tipo de iniciativa – usando IA e baseando-se em algumas características faciais de uma pessoa real, ele gera várias fotografias de pessoas inexistentes, mas que se assemelham com a pessoa real, podendo ser usadas para driblar sistemas de reconhecimento facial quando não se quer ser reconhecido automaticamente por sistemas *on-line*. Você conseguiria detectar que as pessoas no lado direito da Figura 7.6 não existem?

Figura 7.6 – Imagens de pessoas que não existem (à direita) criadas por IA com base em algumas características da foto de Martha Gabriel (à esquerda). Fonte: elaborada pela autora utilizando a ferramenta Anonymizer, da Generated Media.

Deepfake

O uso de algoritmos de IA permite a criação de imagens e vídeos falsos que parecem cada vez mais reais e verídicos, como visto no Capítulo 3, denominados *deepfakes*. Por um lado, esse tipo de utilização da IA pode ser aplicado em simulações extraordinárias, como na preservação da memória da humanidade (como o Projeto Dalí Lives, apresentado no Capítulo 3), ou em iniciativas que permitem

---

18. Disponível em: https://en.wikipedia.org/wiki/Microexpression. Acesso em: 6 abr. 2022.
19. Disponível em: https://privacyinternational.org/news-analysis/4511/can-covid-19-face-mask-protect-you-facial-recognition-technology-too. Acesso em: 6 abr. 2022.

melhorar a educação (como no exemplo da Figura 7.7, apresentado no Pavilhão da Sérvia na EXPO 2020, em Dubai. No evento, a interface permitia visualizar e manipular em tempo real as expressões faciais de um homem das cavernas) ou estimular a criatividade (como o exemplo da Figura 7.8, em que o Midjourney – IA generativa disponível na plataforma Discord – foi usado em 2023 para criar imagens de *selfies* de grupos em períodos antigos, quando ainda não existia a fotografia, como Pré-História, Império Romano e Velho Oeste).

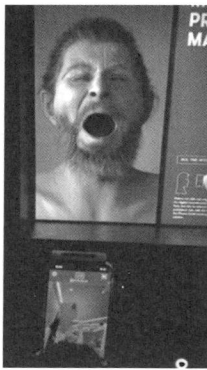

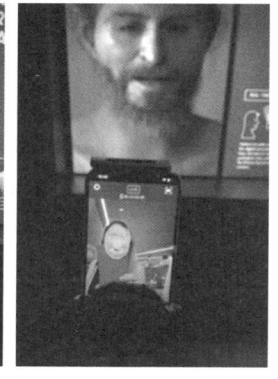

Figura 7.7 – *Link* ou QR Code para a imagem do vídeo criado por Martha Gabriel mostrando a interface que cria, em tempo real, um *deepfake* de um homem pré-histórico, no pavilhão da Sérvia, na Expo Mundial de Dubai. Disponível em: https://www.instagram.com/tv/CZ9PbbRjpAF/. Acesso em: 6 jun. 2024.

Figura 7.8 – *Selfie* de um grupo de homens das cavernas gerada por IA. Disponível em: https://www.newsweek.com/cavemen-cowboys-ai-reimagines-selfies-throughout-history-1789858. Acesso em: 1º jul. 2024.

Cap. 7 · Alma de Inteligência Artificial: segurança, moral e ética

Por outro lado, no entanto, o *deepfake* tem sido utilizado também para criar desinformação e manipulação, atendendo objetivos maliciosos e perigosos. Um caso emblemático dos riscos de desinformação gerado por esse tipo de tecnologia é mostrado na Figura 7.9, que apresenta um vídeo falso do presidente da Ucrânia, Volodymyr Zelensky, rendendo-se durante a guerra com a Rússia,[20] em março de 2022.

Figura 7.9 – *Link* ou QR Code para a imagem do *deepfake* de Zelensky. Disponível em: https://youtu.be/X17yrEV5sl4. Acesso em: 26 jun. 2024.

A partir de 2023, por causa da disseminação e da evolução das ferramentas de IA generativa, esse tipo de tecnologia se tornou muito mais disponível e acessível, permitindo que mais pessoas passassem a criar *deepfakes*. Como consequência, o uso malicioso também se ampliou, indo muito além do uso político e dos golpes financeiros[21] e passando a ser usado também em todos os tipos de alvos, como crianças e adolescentes, com efeitos muitas vezes catastróficos.[22]

Interfaces de voz

As interfaces de voz são uma das principais conquistas da aplicação de sistemas inteligentes, pois, quanto melhor for a conversação natural entre humanos e máquinas, melhor tende a ser o processo de comunicação entre seres humanos e artificiais. Cada vez mais os assistentes de voz inteligentes – Siri, da Apple, Alexa, da Amazon, Google Assistant, da Google, entre outros – estão evoluindo e nos compreendendo.

No entanto, ao mesmo tempo que isso pode trazer grandes benefícios na interação humano-artificial, esse também é um ponto de atenção em relação à privacidade, à ética e à segurança, pois, para estarem sempre de prontidão para responder, esses assistentes inteligentes estão sempre com o modo "ouvir" ativado para receber novos comandos de voz.

---

20. Disponível em: https://www.npr.org/2022/03/16/1087062648/deepfake-video-zelenskyy-experts-war-manipulation-ukraine-russia. Acesso em: 9 maio 2022.
21. Ver, por exemplo: https://edition.cnn.com/2024/02/04/asia/deepfake-cfo-scam-hong-kong-intl-hnk/index.html. Acesso em: 11 abr. 2024.
22. Ver, por exemplo: https://www.psychologs.com/ai-deep-fake-technology-can-harm-the-mental-health-of-teenagers/. Acesso em: 11 abr. 2024.

Consequentemente, a questão está em separar o que deve ou não ser registrado, ou quando ativar ou não algum serviço de atuação em função do que foi registrado. Situações que podem ser "ouvidas" incluem assaltos, conversas particulares, violência doméstica etc.

Além disso, quanto mais se conversa com as máquinas, mais funções elas passam a exercer em nossas vidas, inclusive para acessar nossas contas bancárias, fazer pagamentos, controlar nossas casas e dispositivos etc. Se esses sistemas não forem absolutamente seguros, seus usuários passam a incorrer em riscos graves, até vitais.

Novas ferramentas inteligentes de áudio e vídeo conseguem criar falsas gravações – conhecidas como *Voice Deep Fakes*, que, de tão reais, mal conseguimos perceber a diferença.

Já tivemos casos reportados de utilização dessa tecnologia para fraudes, como no caso em que um CEO de uma empresa britânica recebeu uma mensagem de voz do seu chefe pedindo para transferir mais de 200 mil dólares para um fornecedor húngaro, só que na realidade ela havia sido gerada por *voice deepfake*.[23]

Interfaces cérebro-computador

O cérebro humano é a última fronteira em termos de interfaces computacionais. Nosso controle central, ele exerce comando total sobre nossa existência – desejos, necessidades, percepções, emoções, enfim, tudo. Conectar nosso cérebro biológico a sistemas inteligentes tem o potencial incrível não apenas de auxiliar na cura de doenças, mas, principalmente, de ampliar consideravelmente o nosso poder mental e humano. No entanto, por outro lado, qualquer mau funcionamento ou uso malicioso dessa tecnologia pode colocar nossas vidas em risco. E mais: toda a sociedade, em escala, já que, quando estão todos conectados, basta um único comando para atingir a todos em um *bio attack*.

Projetos como o da *startup* Neuralink (Figura 7.10), que conectam o cérebro humano ao computador, estão evoluindo e, ao mesmo tempo, gerando preocupação[24] com a infusão de IA em nosso órgão-mestre – quais seriam os limites éticos e de segurança de fundir cérebros humanos e artificiais?

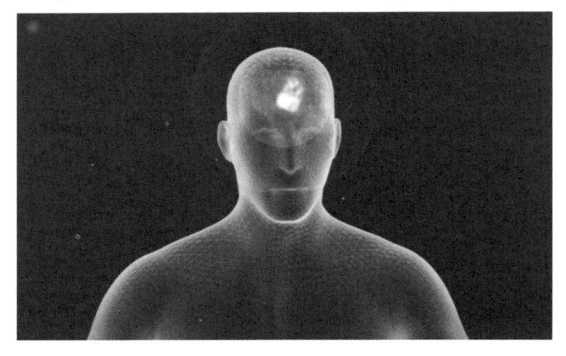

Figura 7.10 – *Link* ou QR Code para a imagem do vídeo, em inglês, que explica como funciona o *neuralink*. Disponível em: https://youtu.be/EPUHsnN9R9I. Acesso em: 6 jun. 2024

---

23. Disponível em: https://www.forbes.com/sites/jessedamiani/2019/09/03/a-voice-deepfake-was-used-to-scam-a-ceo-out-of-243000/?sh=6559e0922241. Acesso em: 6 abr. 2022.
24. Disponível em: https://www.thedailybeast.com/elon-musks-neuralink-inches-closer-to-human-trials-and-experts-are-ringing-alarms. Acesso em: 6 abr. 2022.

Em busca de soluções

A explosão de ferramentas de IA generativa disponíveis ao público a partir de 2023 foi o gatilho para a explosão da criação de conteúdos gerados por IA, em todas as modalidades – vídeo, texto, áudio, voz, imagem, em todas as suas variações e em qualquer área criativa: posts em mídias sociais, livros, roteiros, obras de arte, dublagens etc.

A rápida melhoria na qualidade na produção gerada por IA tem tornado cada vez mais desafiador conseguir distinguir o que é verdadeiro ou falso, o que é gerado por humano ou máquina, o que tem referência na realidade ou não, aquilo no qual devemos acreditar ou não. Um exemplo disso é a IA que criou 100 mil corpos de pessoas que não existem, mas são indistinguíveis de seres humanos reais.[25]

A máxima "ver para crer" não funciona mais. Não conseguimos mais "medir" o mundo com "réguas" e critérios que usávamos para entender a realidade até recentemente. Precisamos desenvolver novos instrumentos, capazes de nos orientar para lidarmos com esse novo tipo de realidade, sob o risco de nos alienarmos. Um estudo publicado na New Scientist[26] mostrou que as faces humanas ficcionais geradas por IA (Figura 7.11) são mais confiáveis do que as de humanos reais e são tão convincentes, que conseguem enganar até os observadores mais treinados, podendo ser usadas facilmente em golpes e perfis falsos de mídias sociais, por exemplo.

Figura 7.11 – Imagem de rostos humanos criados por IA. Disponível em: https://www.newscientist.com/article/2308312-fake-faces-created-by-ai-look-more-trustworthy-than-real-people/. Acesso em: 1º jul. 2024.

---

25. Disponível em: https://petapixel.com/2022/10/24/an-ai-created-100000-full-body-photos-of-people-who-dont-exist/. Acesso em: 11 abr. 2024.
26. Disponível em: https://www.newscientist.com/article/2308312-fake-faces-created-by-ai-look-more-trustworthy-than-real-people/. Acesso em: 11 abr. 2024.

Nesse sentido, nós nos deparamos com diversos desafios éticos a serem enfrentados, que se distribuem entre a atuação dos humanos e das máquinas. Do lado das máquinas, a busca é conseguir garantir IA responsável e criar regulação para viabilizar padrões éticos e morais. Do lado humano, são necessárias novas habilidades para permitir atuar no novo paradigma de realidade emergente e ênfase na educação ética que enfatize a compreensão e a aplicação dos valores humanos.

Com o intuito de discutir moral e ética das máquinas, o MIT criou um projeto para que as pessoas possam interagir com diversos cenários que requerem decisão e ação das máquinas – o MIT Moral Machine (Figura 7.12) –, mostrando a complexidade de algumas soluções para que as questões éticas sejam conciliadas. Você pode interagir com o projeto, em português, usando o *link* ou QR Code da Figura 7.12.

Figura 7.12 – *Link* ou QR Code para a imagem da página de entrada no projeto MIT Moral Machine, em português. Disponível em: https://www.moralmachine.net/hl/pt. Acesso em: 6 abr. 2022.

No intuito de mitigar eventuais impactos negativos da IA, temos visto desde 2023 uma ascensão de iniciativas globais visando educar ou regular, por exemplo: a regulamentação de IA da União Europeia,[27] do Brasil,[28] a ordem executiva sobre IA segura e confiável emitida pelo governo americano em outubro de 2023[29] e o apelo de mídia internacional para conscientizar e preparar as pessoas para a IA.[30]

---

27. Disponível em: https://www.europarl.europa.eu/news/en/headlines/society/20230601STO93804/eu-ai-act-first-regulation-on-artificial-intelligence. Acesso em: 11 abr. 2024.
28. Disponível em: https://www.camara.leg.br/noticias/968967-proposta-regulamenta-utilizacao-da-inteligencia-artificial. Acesso em: 11 abr. 2024.
29. Ver nota oficial da Casa Branca. Disponível em: https://www.whitehouse.gov/briefing-room/statements-releases/2023/10/30/fact-sheet-president-biden-issues-executive-order-on-safe-secure-and-trustworthy-artificial-intelligence/. Acesso em: 11 abr. 2024.
30. Ver, por exemplo: https://www.thehindubusinessline.com/news/deepfake-has-become-a-great-concern-can-create-problems-pm/article67543795.ece. Acesso em: 11 abr. 2024.

PARTE 3

INTELIGÊNCIA ARTIFICIAL: SUPERPODER

Capítulo 8
O superpoder IA

Capítulo 9
A ascensão do admirável *Smart World*

CAPÍTULO 8
O superpoder IA

"Com grandes poderes vêm grandes responsabilidades."

— **Stan Lee, em Homem-Aranha**

Até aqui, discutimos o que é a inteligência artificial, de onde ela vem, como funciona, como se relaciona com outras tecnologias e onde nos situamos nessa história – esse é o primeiro passo para lidarmos com as transformações tecnológicas que experimentamos. A partir daqui, as grandes perguntas que surgem é para onde e como vamos. Responder a essas questões sempre foi um desafio para a humanidade, mesmo em períodos mais lentos de evolução tecnológica, pois é sempre muito mais fácil imaginar os impactos imediatos da disrupção tecnológica nos modelos sociais e de negócios existentes – o **difícil é imaginar os novos modelos que surgirão** e **seus impactos na humanidade** em função da disrupção.

Para refletir sobre isso, podemos nos inspirar no passado, na época da virada para o século XX, quando vivíamos, os efeitos da Segunda Revolução Industrial, a qual trazia em sua bagagem a eletricidade e o motor de combustão interna. Essas duas inovações foram capazes de destronar dois grandes pilares da economia até então – o cavalo e o sal –, reduzindo-os de estrelas dos modelos de negócios mundiais a meros coadjuvantes nichados.

O sal na era da eletricidade

Durante quase toda a nossa história, o sal comandou a economia. Antes da invenção da eletricidade e da refrigeração, o melhor modo de preservar carnes e outros alimentos era com esse mineral. Além disso, ele também era um dos elementos principais para curar o couro, matéria-prima essencial para diversas manufaturas pré-industriais. A importância do sal era tanta, que a palavra "salário" se refere ao pagamento recebido em sal, o mesmo acontecendo com o termo "soldado". O sal, portanto, era ingrediente-base de tecnologias vitais para a humanidade, configurando-se, assim, em um dos negócios mais rentáveis na face da Terra. No entanto, a partir do início do século XX, novas tecnologias passaram a fazer de forma melhor e mais barata aquilo que o sal fazia, reduzindo-o ao seu papel atual, conhecido por muitos apenas como um condimento de cozinha. O mesmo aconteceu com o óleo de baleia, que era usado para iluminar ruas antes da lâmpada elétrica, e tantas outras tecnologias que eram valiosíssimas nas respectivas eras, mas que, em função da transformação do mercado, perderam totalmente o valor.[1]

---

1. Filmes/séries que mostram de forma excelente algumas dessas transformações são: *Downton Abbey* (série), *Frontier* (série, Netflix) e *No coração do mar* (filme, 2015).

O cavalo na era do motor de combustão interna

Até o início do século XX, os cavalos eram a força motriz do mundo – eram elementos vitais não apenas para fazendas, mas também para o crescimento de centros urbanos, onde transportavam bens e pessoas em carruagens e ônibus. Eles eram também uma das principais "tecnologias" de guerra. Tanto que, mesmo com o advento da máquina a vapor, trens, telégrafo e outras inovações, o cavalo mantinha sua posição econômica fundamental, parecendo ser imune a quaisquer mudanças tecnológicas que surgissem. Assim o foi até surgirem os motores de combustão interna – a partir de então, essas máquinas passaram a movimentar os carros nas cidades e os tratores no campo, e rapidamente o cavalo se tornou economicamente irrelevante.

O homem na era da Inteligência Artificial

Em uma comparação similar, com o desenvolvimento da IA poderia o ser humano ter o mesmo destino que o cavalo, perdendo a sua relevância produtiva no mundo? Em 1983, o economista Wassily Leontief[2] fez uma analogia entre o cavalo e o homem, com a seguinte reflexão: será que, com os veículos autônomos, robôs de armazéns, supercomputadores e demais evoluções tecnológicas, aconteceria com o homem a mesma mudança de papel que ocorreu com o cavalo? O ser humano deixaria de ser o fator mais importante da produção, diminuindo sua participação e, depois, sendo eliminado, tornando-se, então, irrelevante? A provocação é bastante apropriada – se as revoluções industriais anteriores impactaram músculos, substituindo o cavalo, que era a principal força física do planeta, a Revolução Digital atual está impactando o intelecto, que tem no homem a sua principal força geradora. Nesse sentido, seria o homem o novo cavalo?

Acredito que não, pois, diferentemente dos músculos do cavalo, o cérebro humano tem competências inteligentes incomparáveis; portanto, **o ser humano tem condições de se transformar com a tecnologia e de evoluir com ela, mantendo a sua relevância na equação produtiva**. No entanto, é necessário trilhar esse caminho de transformação para conseguirmos fazer parte dessa simbiose tecnológica crescente de forma que a IA some à nossa existência, e não a diminua. Vejamos.

Evolução Humana + IA: substituição *versus* ampliação

Considerando as jornadas evolutivas da humanidade e da tecnologia, podemos dizer que elas se confundem e afetam mutuamente desde a origem. Com a chegada da IA, essa tendência deve se intensificar de tal forma, que tende a causar uma fusão entre humanos e tecnologia. Um *paper* de 2016, *Information in the Biosphere: Biological and Digital Worlds*,[3] avalia essa jornada evolutiva por meio da transformação do armazenamento e da replicação de informação no planeta ao longo das eras, argumentando que:

---

2. Disponível em: https://www.foreignaffairs.com/articles/2015-06-16/will-humans-go-way-horses. Acesso em: 4 abr. 2022.
3. Ver *Information in the Biosphere: Biological and Digital Worlds*, disponível em: https://escholarship.org/uc/item/38f4b791. Acesso em: 10 abr. 2024.

"[...] a biosfera baseada em carbono gerou um sistema cognitivo (humanos) capazes de criar tecnologia que resultará em uma transição evolucionária comparável. A informação digital alcançou uma magnitude similar à informação na biosfera. Ela aumenta exponencialmente, mostrando replicação de alta-fidelidade, evolui por meio de adaptação diferencial, é expressa por meio de IA e tem facilidade para recombinações virtualmente ilimitadas. Da mesma forma que nas transições evolucionárias anteriores, o potencial de simbiose entre informação digital e biológica atingirá um ponto crítico onde esses códigos competem via seleção natural. Por outro lado, essa fusão poderia criar um superorganismo de alto nível utilizando uma divisão de baixo conflito no trabalho de realizar tarefas informacionais." (Figura 8.1)

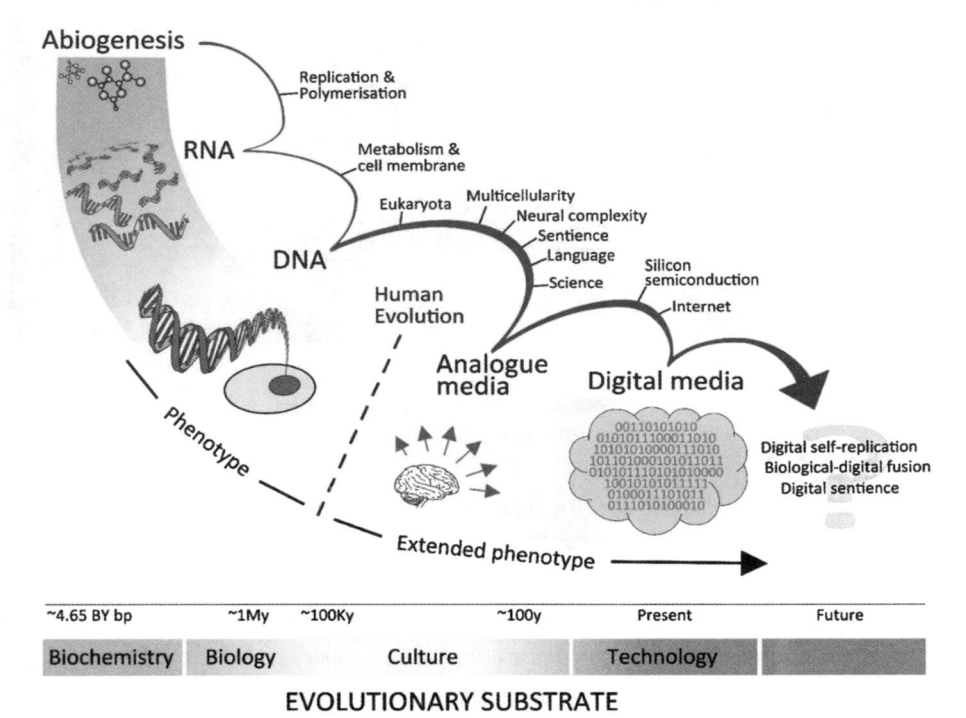

Figura 8.1 – Esquema representativo da evolução do armazenamento e replicação da informação ao longo da evolução humano-tecnológica. Disponível em: https://escholarship.org/uc/item/38f4b791. Acesso em: 10 abr. 2024.

Outra teoria que indica a nossa **convergência com a IA** é apresentada no site *Futurizon*, concebida pelo futurista Ian Pearson, que considera um paralelo de evolução entre o homem e a máquina,[4] gerando em algum momento o surgimento de uma linha de espécies humanas híbridas, que passa a coexistir com outras linhas de evolução de espécies, conduzindo-nos para um conjunto de *"homo whateverus"*, ou, em tradução ampla, *homo* "tudo".[5] Essa teoria pode ser visualizada na Figura 8.2.

---

4. Disponível em: https://timeguide.wordpress.com/2014/06/19/future-human-evolution/. Acesso em: 10 abr. 2024.
5. Mais disponível em: https://timeguide.wordpress.com/2014/06/19/future-human-evolution/. Acesso em: 10 abr. 2024.

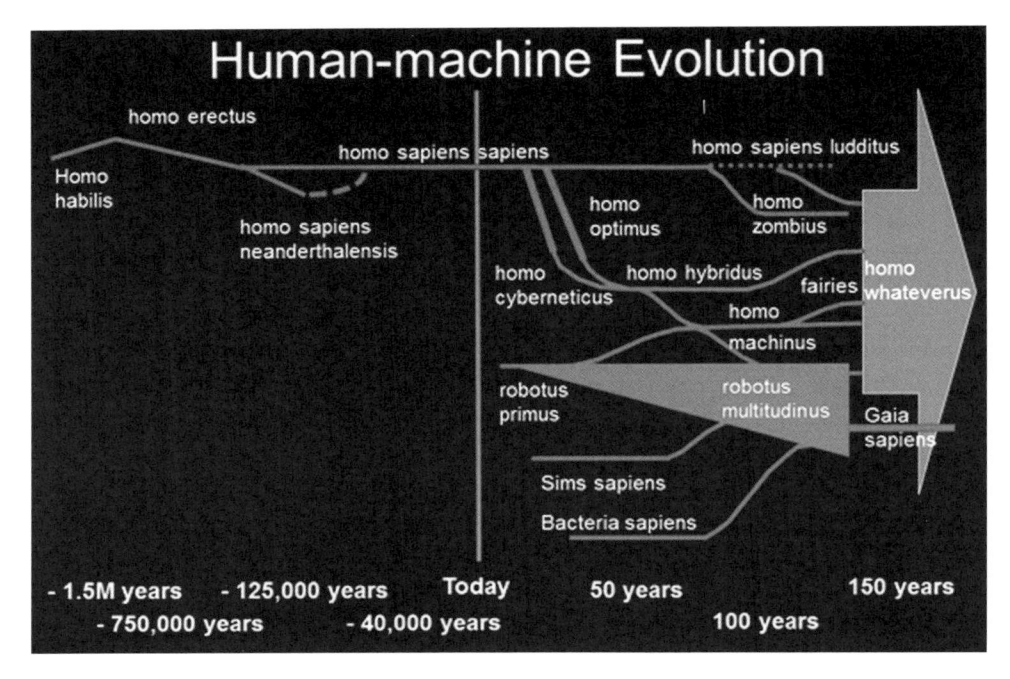

Figura 8.2 – Esquema representativo das possibilidades de evolução do *homo sapiens*, concebido por Ian Pearson. Disponível em: https://timeguide.wordpress.com/2014/06/19/future-human-evolution/. Acesso em: 11 abr. 2024.

Nesse sentido, considerando que (1) a evolução da IA é um caminho irreversível e (2) a evolução humana acontece de forma simbiótica com a tecnologia, podemos afirmar que tudo o que puder ser automatizado será. A automação tende a trazer velocidade, eficiência e redução de custos para a vida humana, por isso, anteriormente, toda vez que ela se tornou possível, foi adotada. Para qualquer nova tecnologia que surge, tendemos a incorporar as suas funcionalidades para nos ampliar e conseguir performar melhor. Nesse sentido, temos duas perspectivas para lidar com a automação: sermos substituídos ou ampliados por ela. Por exemplo, quando o automóvel surgiu, ele automatizou o processo de locomoção; nesse momento, não adiantava mais usar as pernas humanas para competir com a máquina, pois, nesse caso, perderíamos sempre e seríamos substituídos por ela. No entanto, por outro lado, usando os automóveis para ampliar o alcance, a velocidade e a precisão das nossas pernas, nos ampliamos por meio deles.

Com a **IA** vivemos um processo de automação similar. No entanto, agora ele é também **cognitivo**, impactando não apenas atividades físicas, mas também, e principalmente, as mentais. De novo, competir com a tecnologia tende a resultar em substituição, perda. Porém, abraçá-la e se fundir com ela tende a nos ampliar para um patamar melhor de atuação. Levando em conta que a IA pode nos ampliar e permitir uma **expansão extraordinária da nossa inteligência** (como discutido anteriormente), podemos dizer que aqueles que a usam passam a adquirir um **superpoder**.

Esse superpoder vai muito além das IA generativas, que ganharam maior notoriedade, pois os vários de tipos de IA têm turbinado, ou já têm, o potencial de alavancar qualquer área do conhecimento. Para ilustrar essa ampliação, discutiremos a seguir como a IA transforma a economia, a comunicação e o trabalho.

Economia: [Humano + IA]

Mudanças dramáticas no ritmo de crescimento econômico aconteceram no passado devido ao avanço tecnológico. Baseada no crescimento populacional, a economia dobrou a cada 250 mil anos da Era Paleolítica até a Revolução Neolítica. A nova economia agrícola dobrou a cada 900 anos, uma aceleração considerável em relação à era anterior. Na nossa era, começando com a Revolução Industrial, o resultado da economia global dobra a cada 15 anos, 60 vezes mais rápido do que durante a era agrícola. Se a ascensão da inteligência super-humana causar uma revolução similar, o economista Robin Hanson argumenta que poderíamos esperar que a economia dobrasse pelo menos a cada três meses e, possivelmente, semanalmente.[6]

Comunicação sem limites

Até o surgimento do ChatGPT, para nos comunicarmos com computadores, era preciso saber programar para "falar a língua deles". Agora, eles falam a nossa, e, muitas vezes, melhor do que nós mesmos. As primeiras linguagens computacionais eram basicamente zeros e uns, no nível da máquina, que gradativamente foram se tornando mais estruturadas para facilitar a programação por seres humanos (como FORTRAN, Cobol, Basic, Pascal etc.), evoluindo para linguagens visuais. Mas, ainda assim, precisávamos falar as línguas delas, das máquinas, a fim de nos comunicar com computadores ou por meio deles.

A partir do momento em que as máquinas passaram a conversar com a gente na nossa linguagem, (aliás em quaisquer das nossas linguagens, "dominando" quaisquer áreas do conhecimento e criando conteúdos artificiais multimodais hiper-reais), inauguramos um ponto de inflexão na nossa existência – as possibilidades de comunicação e criatividade humanas passam a se ampliar exponencialmente. Isso certamente dá origem a uma das transformações mais profundas na nossa relação com os computadores, e provavelmente inicia um divisor de águas na evolução humana.

Estamos apenas no início dessa simbiose linguística com as máquinas e já podemos expandir nossas conversas, textos, criações, discussões, comparações, argumentações, estudos etc., apenas conversando com elas. No entanto, as máquinas também estão no início de sua expansão de linguagens e não se limitam a entender e conversar nas nossas linguagens humanas. Elas estão indo além, muito além. Os sistemas inteligentes estão aprendendo também as línguas dos **animais**,[7] da **atividade**

---

6. Disponível em: http://mason.gmu.edu/~rhanson/longgrow.pdf. Acesso em: 11 abr. 2024.
7. Disponível em: https://www.scientificamerican.com/article/artificial-intelligence-could-finally-let-us-talk-with-animals/. Acesso em: 11 abr. 2024.

cerebral humana,[8] dos nossos **sonhos**,[9] enfim, de tudo o que é formado por padrões vibrando para ser decodificados, o código da vida.

Wittgenstein nos ensinou que "o limite da nossa linguagem é o limite do nosso mundo". Assim, se o nosso alcance era limitado por nossas linguagens, agora, com a IA, ele se torna praticamente infinito. Ela traz o potencial para desbloquear quaisquer linguagens – **idiomas**, **códigos computacionais**, **vibrações**, **sons**, **cultura**, ou qualquer outra.

A nossa simbiose com esses sistemas inteligentes tende a ampliar a capacidade de comunicação humana para patamares espetaculares. A **linguagem** é o sistema operacional humano e está passando por um *upgrade* poderoso com a ampliação que a IA proporciona – isso lança as fundações para expandir a nossa realidade da mesma forma que, na ficção, o tradutor universal de Star Trek possibilitava a expansão humana no universo, e mais: a IA tem aberto possibilidades para a comunicação **telepática**, já que tem conseguido realizar a leitura e a decodificação da atividade cerebral humana para **texto**,[10] **imagens**[11] e até mesmo **música**.[12]

Figura 8.3 – A primeira linha apresenta as figuras que os participantes do experimento estavam olhando, enquanto a segunda linha mostra as recriações realizadas por IA para cada imagem, baseadas no escaneamento do cérebro dos participantes. Disponível em: https://www.smithsonianmag.com/smart-news/this-ai-used-brain-scans-to-recreate-images-people-saw-180981768/. Acesso em: 11 abr. 2024.

Nenhum tipo de ampliação das nossas competências para essa comunicação sem limites vem sem consequências – apesar do potencial extraordinário que traz em si, ela também dá origem a uma gama inimaginável de efeitos colaterais, para os quais ainda não estamos preparados e que requerem atenção, como **privacidade** e **manipulação** de pensamento.[13]

---

8. Disponível em: https://www.nature.com/articles/s41593-023-01304-9.epdf. Acesso em: 11 abr. 2024.
9. Disponível em: https://www.newscientist.com/article/mg23931972-500-mind-reading-devices-can-now-access-your-thoughts-and-dreams-using-ai/ e https://geekflare.com/ai-dream-interpretation-platforms/. Acesso em: 11 abr. 2024.
10. Disponível em: https://www.newscientist.com/article/2408019-mind-reading-ai-can-translate-brainwaves-into-written-text/. Acesso em: 11 abr. 2024.
11. Disponível em: https://www.smithsonianmag.com/smart-news/this-ai-used-brain-scans-to-recreate-images-people-saw-180981768/.
12. Disponível em: https://www.youtube.com/watch?v=Wf_oJRMzsjQ. Acesso em: 11 abr. 2024.
13. Ver artigo da *Wired* discutindo sobre os decodificares de pensamento, que podem não apenas ler a mente, mas também modificá-la. Disponível em: https://www.wired.com/story/ai-thought-decoder-mind-philosophy/. Acesso em: 11 abr. 2024.

Quando lidamos com a expansão das possibilidades de conexão – tanto em sistemas quanto em cérebros –, precisamos lembrar que **estar conectado não significa que automaticamente nos tornamos melhores ou mais inteligentes**, e sim que estamos vulneráveis. Para ampliar a nossa inteligência, dependemos de como e com o que estamos conectados. Para ampliar a nossa **vulnerabilidade, basta estar conectado**. Por isso, questões de conexão são questões de **sustentabilidade**, pois sempre oferecem riscos que precisam ser considerados.

Futuro do trabalho híbrido [Humano + IA]

Apesar de a evolução da automação propiciada pela IA tender a impactar todas as atividades humanas (já que o seu impacto é cognitivo, estando por detrás de qualquer tarefa), uma das preocupações mais imediatas em relação a isso é o medo da substituição tecnológica e, consequentemente, o **futuro do trabalho**. Entre tantas dimensões em que podemos ser impactados pela tecnologia, por que a primeira preocupação tende a ser o trabalho?

Em um primeiro momento, imaginamos que a grande contribuição do trabalho para um indivíduo seja como seu meio de sustento. No entanto, a sua importância na vida humana vai muito além disso. Ele é fundamental também em várias perspectivas psicológicas:

- **Identidade e autoestima**: o trabalho desempenha um papel crucial na formação das identidades pessoal e profissional de um indivíduo. A ocupação que escolhemos e as realizações que alcançamos no trabalho frequentemente influenciam nossa **autoimagem** e **autoestima**. Um trabalho significativo pode fornecer um senso de propósito e contribuir para uma sensação de realização pessoal.

- **Sentido de pertencimento e comunidade**: o trabalho muitas vezes serve como um ambiente social no qual os indivíduos interagem e colaboram com colegas. Essa interação social pode contribuir para um senso de pertencimento e conexão com os outros, ajudando a mitigar a solidão e promovendo a **saúde mental** e a **emocional**.

- **Desenvolvimento de habilidades e competências**: o trabalho oferece oportunidades para o desenvolvimento e o aprimoramento de habilidades e competências, tanto **técnicas** quanto **interpessoais**. Por meio do trabalho, os indivíduos podem adquirir novas habilidades, expandir seus conhecimentos e crescer profissionalmente, o que pode aumentar a autoeficácia e a sensação de competência.

- **Senso de realização e autonomia**: o trabalho proporciona uma oportunidade para os indivíduos exercerem **controle** sobre suas vidas e alcançarem objetivos pessoais e profissionais. O senso de realização que resulta de atingir metas e superar desafios no trabalho pode ser fundamental para o **bem-estar psicológico** e a **satisfação** com a vida.

- **Estruturação do tempo e da rotina**: o trabalho fornece uma estrutura para o tempo diário e semanal, ajudando os indivíduos a **organizarem** suas vidas e estabelecerem **rotinas saudáveis**. Uma estruturação adequada do tempo pode ser importante para a saúde mental, reduzindo a ansiedade e o estresse associados à incerteza e à falta de direção.

- **Sentido de contribuição e significado**: o trabalho muitas vezes oferece uma oportunidade para os indivíduos **contribuírem para algo maior** do que eles próprios, seja por meio do serviço à comunidade, seja por meio da criação de produtos úteis, seja por meio da resolução de problemas sociais. Esse senso de contribuição pode conferir um significado mais profundo à vida e promover um senso de responsabilidade social.

Portanto, o trabalho desempenha um papel **central na vida humana**, influenciando não apenas nosso sustento financeiro, mas também nossa identidade, conexões sociais, desenvolvimento pessoal e senso de propósito e significado. Por isso, os impactos da IA no trabalho afetam inúmeros aspectos da nossa existência e devem ser tratados com muito cuidado, pois em larga escala influenciam o sentido da vida de toda a humanidade.

Nesse contexto, vivendo um ritmo tecnológico cada vez mais frenético e complexo, **pensar na substituição tecnológica para profissões inteiras não é uma forma eficiente de analisar os impactos da automação no trabalho**. O modo mais preciso e eficiente para **avaliar a transformação tecnológica do trabalho é analisando as atividades que compõem o trabalho** e verificando o potencial de automação de cada uma – assim, as profissões são impactadas de formas distintas pela tecnologia, em função do potencial de automação de cada atividade que as compõe.

> *A tecnologia não elimina profissões, ela as transforma.*
> *As profissões são impactadas de formas distintas,*
> *em função do potencial de automação de cada atividade que as compõe.*

Dessa forma, para saber o **potencial de automação** de uma profissão (e, consequentemente, o potencial de substituição ou ampliação tecnológica), pense no trabalho desempenhado nessa profissão como um conjunto de atividades, e aí avalie cada atividade separadamente. Vários estudos apontam que **atividades previsíveis repetitivas – tanto mentais quanto físicas – são as mais suscetíveis de automatizar**, enquanto atividades complexas, que requerem *soft skills*, **são as mais difíceis de serem automatizadas** (pelo menos atualmente, e em um futuro próximo).

Pensando, então, em **atividades**, normalmente, a primeira avaliação que se faz para determinar se ela tem potencial de ser automatizada (ou não) é a sua **viabilidade técnica de automação** – ou seja, a tecnologia atual/emergente consegue realizar aquela atividade? A Figura 8.4 traz uma análise publicada pela McKinsey sobre a viabilidade técnica de automação de atividades no trabalho.

Observe-se que o **trabalho manual previsível** (realizado em ambientes controlados, como indústrias), o **processamento e a coleta de dados** são atividades altamente suscetíveis à automação e tendem a ser cada vez mais rapidamente realizadas por máquinas. As atividades de **trabalho manual imprevisível** e **interações com *stakeholders*** serão suscetíveis à automação em breve. Por outro lado, a viabilidade técnica para automatizar atividades que envolvem *soft skills* (gestão de pessoas e aplicação de *expertise* na tomada de decisões, planejamento e tarefas criativas) é menor, tornando essas atividades menos suscetíveis à automação no curto prazo. Com isso, somos capazes de **calcular a viabilidade técnica** das atividades que compõem cada trabalho para avaliar o seu potencial de automação e o grau de **impacto que isso pode causar nas profissões**.

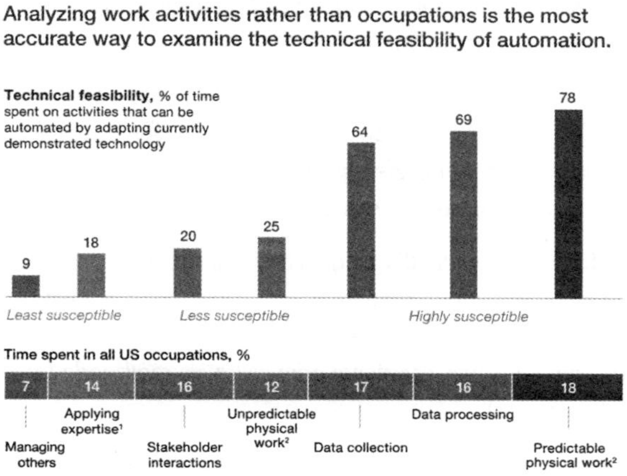

Analyzing work activities rather than occupations is the most accurate way to examine the technical feasibility of automation.

Technical feasibility, % of time spent on activities that can be automated by adapting currently demonstrated technology

9 — 18 — 20 — 25 — 64 — 69 — 78

Least susceptible — Less susceptible — Highly susceptible

Time spent in all US occupations, %

7	14	16	12	17	16	18
Managing others	Applying expertise[1]	Stakeholder interactions	Unpredictable physical work[2]	Data collection	Data processing	Predictable physical work[2]

Figura 8.4 – Viabilidade técnica de automação de atividades. Disponível em: https://www.mckinsey.com/capabilities/mckinsey-digital/our-insights/where-machines-could-replace-humans-and-where-they-cant-yet. Acesso em: 11 abr. 2024.

É importante ressaltar, como discutimos anteriormente, que o impacto da automação cognitiva decorrente da IA pode causar não apenas substituição de atividades humanas, mas também propiciar ampliação de produtividade e *performance*. Portanto, a viabilidade técnica de automação pode afetar as profissões de formas distintas, como veremos a seguir.

Substituição *versus* ampliação do trabalho

Considerando as características fundamentais do **trabalho**, a automação e a IA tendem a **substituir** trabalhos que envolvem tarefas repetitivas, baseadas em dados estruturados e com baixa interação humana, enquanto **ampliam** oportunidades em trabalhos que exigem tomada de decisão complexa, habilidades criativas e interpessoais, além de alto nível de especialização.

Nesse sentido, as profissões **mais suscetíveis à substituição** envolvem:

- Tarefas **padronizadas, repetitivas e previsíveis**: não exigem muita variação ou tomada de decisão (*exemplos: operador de linha de montagem em fábricas; caixa de supermercado realizando operações de registro de produtos; processamento de faturas e contas em empresas; transcrição de áudio para texto*).

- Atividades baseadas em **dados estruturados**: lidam principalmente com dados estruturados e processamento de informações de maneira linear (*exemplos: analista financeiro realizando análise de dados de mercado; operador de telemarketing realizando chamadas de venda com scripts padronizados; processamento de formulários de inscrição ou solicitações on-line; análise de dados de tráfego para otimização de rotas de entrega*).

- Atividades que envolvem **alto volume de dados** e **alta velocidade** (*exemplos: análise em tempo real de transações financeiras para detecção de fraudes; processamento automatizado de faturas* e recibos em empresas de contabilidade; monitoramento de redes sociais para identificação de tendências e análise de sentimentos).

- **Baixa interação humana**: atividades com interações mínimas com outras pessoas ou que dependem pouco do julgamento humano (exemplos: atendimento ao cliente por meio de chatbots em sites de comércio eletrônico; operador de telemarketing realizando pesquisas de opinião automatizadas; monitoramento de sistemas de segurança por meio de câmeras de vigilância automatizadas).
- Nível de **habilidade baixo ou médio**: exigem um conjunto de habilidades relativamente simples ou de nível intermediário e não requerem uma expertise altamente especializada (exemplos: trabalhadores de linha de produção em indústrias; funcionários de escritório realizando entrada de dados em planilhas; assistente administrativo realizando tarefas de agendamento e organização de arquivos).

Por outro lado, **profissões** que tendem a ser **ampliadas ou beneficiadas** pela IA envolvem:

- **Tomada de decisão complexa**: trabalhos que envolvem tomadas de decisão complexas, baseadas em dados não estruturados e variáveis, tendem a ser ampliados pela IA, já que a tecnologia pode ajudar a analisar e interpretar grandes conjuntos de dados para suportar decisões informadas (exemplos: analista financeiro utilizando IA para análise de dados de mercado e previsões de investimento; médico utilizando sistemas de IA para auxiliar no diagnóstico e no tratamento de doenças; gerente de supply chain usando IA para otimizar cadeias de suprimentos e logística).
- **Habilidades criativas** e de **resolução de problemas**: profissões que exigem criatividade, pensamento crítico e resolução de problemas em ambientes não estruturados são menos suscetíveis à substituição por IA, uma vez que essas habilidades humanas são difíceis de replicar por algoritmos (exemplos: designer gráfico criando layouts e conceitos visuais para campanhas publicitárias; roteirista escrevendo scripts para filmes e séries de televisão; cientista de dados desenvolvendo algoritmos de machine learning para resolver problemas complexos).
- **Alto nível de interação humana**: dependem fortemente da interação humana; particularmente aquelas atividades que envolvem empatia, compreensão emocional e comunicação interpessoal são menos propensas a serem automatizadas pela IA (exemplos: profissional de saúde mental oferecendo terapia e aconselhamento psicológico; professor ensinando alunos e interagindo com eles em sala de aula; assistente social oferecendo suporte e orientação para indivíduos em situações de crise).
- **Alta especialização** e **conhecimento profundo**: profissões que exigem alto nível de especialização, conhecimento técnico ou experiência específica são menos suscetíveis à automação, pois essas áreas geralmente exigem julgamento humano e tomada de decisão baseada em contexto (exemplos: engenheiro de software desenvolvendo algoritmos de IA para sistemas autônomos; pesquisador científico conduzindo experimentos avançados em laboratórios; advogado especializado em direito internacional trabalhando em casos complexos de litígio internacional).

No entanto, a viabilidade técnica para automação não é o único fator determinante do potencial de automação de uma atividade. Existem cinco outros a serem considerados também: custos para automatizar; escassez relativa, habilidades e custos de trabalhadores humanos; benefícios secundários da automação; aceitação social; e considerações regulatórias.

1. **Viabilidade técnica**: avalia a disponibilidade técnica/tecnológica para automatizar a atividade, como discutido anteriormente.

2. **Custos para automatizar**: mesmo que seja viável tecnicamente automatizar uma atividade, eventualmente os custos para a automação podem torná-la inviável. Por exemplo, se o custo de utilizar carros autônomos é muito maior do que carros com motoristas, eventualmente esta última opção será usada, até que os custos sejam atrativos para investir na automação.

3. **Escassez relativa, habilidades e custos de trabalhadores humanos**: apesar de eventualmente os custos dos trabalhadores humanos serem menores do que a automação, em situações de escassez de habilidades específicas (dificuldade de encontrar trabalhadores qualificados) ou de altos custos/riscos para contratação/manutenção de trabalhadores humanos, a automação passa a ser atrativa.

4. **Benefícios secundários da automação**: a automação pode trazer benefícios que vão muito além da redução de custos da atividade, e que, eventualmente, podem ser mais importantes em determinadas situações, como: segurança, precisão, velocidade, menores impactos ambientais etc.

5. **Aceitação social**: a máxima "a cultura come a estratégia no café da manhã", de Peter Drucker, aplica-se a qualquer tipo de estratégia, inclusive automação – a cultura não dá saltos. Por mais que as mudanças acelerem, elas ainda requerem um tempo cultural para acontecerem. Foi assim com o carro, o avião, a secretária eletrônica, o telefone celular e qualquer outra tecnologia no mundo. Assim, mesmo que exista viabilidade técnica para automação, sem aceitação social, ela não consegue ser implementada.

6. **Considerações regulatórias**: por mais que todos os fatores anteriores estejam presentes, algumas atividades se inserem em contextos mais regulados do que outras, ou levantam novas questões regulatórias (como foi o caso da Uber e, agora, do carro autônomo), que podem adiar o processo de automação nessas áreas.

Note-se que esses fatores variam em função da economia, educação, cultura e legislação de cada local, fazendo com que o ritmo de avanço da automação seja variável por país ou região.

Uma vez analisado o potencial de automação das atividades de um trabalho, a próxima questão natural é **como se preparar para isso**. Nesse sentido, as decisões devem ser tomadas em função de: 1) o que podemos automatizar e o que devemos **parar de fazer**?; 2) o que precisamos **aprender, começar a fazer ou fazer melhor** que as máquinas, o que elas não têm (ainda) potencial técnico para fazer? É isso que determina as habilidades necessárias para o futuro, tema que discuto no livro *Liderando o futuro*.

Esse é o caminho para nos ampliarmos gradativamente com a automação cognitiva que a IA nos proporciona, transformando-se, assim, em verdadeiro superpoder.

CAPÍTULO 9

A ascensão do admirável *Smart World*

O substrato da nova configuração de realidade são as tecnologias digitais, que vêm crescendo de maneira acelerada em volume e sofisticação, especialmente nos últimos anos, formando uma infraestrutura cada vez mais inteligente e fluida. Nesse processo, principalmente as tecnologias de *blockchain* e Inteligência Artificial (IA) exercem papéis cruciais, pois, sem elas, seria impossível processar a complexidade tecnológica necessária para o estabelecimento do fluxo de informações, processos e transações que configuram a realidade humano-tecnológica emergente. E é justamente nessa simbiose entre o crescimento de tecnologias e inteligências que estamos passando gradativamente para outra dimensão da nossa existência, a caminho da singularidade, discutida ao longo deste livro. Vejamos.

A evolução da experiência e da consciência

No início da nossa história, a humanidade vivia essencialmente uma **realidade física**: aquilo que determinava a nossa existência e qualidade de vida era o ambiente material (geosfera, biosfera, atmosfera) que nos cercava – como rios, montanhas, animais, plantas, proteção corporal, alimentos etc. De lá para cá, fomos criando **camadas conceituais de realidade** – como países, dinheiro, leis etc. –, expandindo as nossas vidas para além do material tangível. A soma dessas camadas conceituais de realidade é um conceito filosófico batizado, no século passado, de **noosfera** pelo bioquímico ucraniano Vladimir Vernadsky e pelo filósofo francês Pierre Teilhard de Chardin[1] (Figura 9.1). A noosfera foi se configurando com a evolução humana como a "camada de pensamento" do planeta, sobrepondo-se às demais camadas existentes, e que, em última instância, foi se tornando aquilo que diferencia a experiência humana das demais formas vivas existentes.

---

1. Disponível em: https://en.wikipedia.org/wiki/Noosphere. Acesso em: 6 abr. 2022.

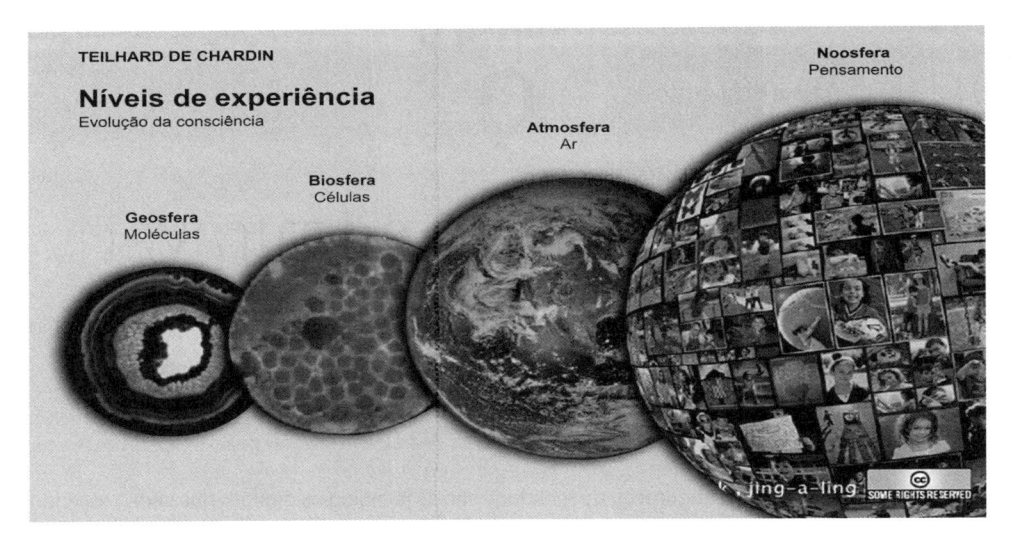

Figura 9.1 – Imagem representativa da evolução dos níveis de experiência no planeta, da geosfera à noosfera. Fonte: adaptada de https://pt.slideshare.net/collier/the-social-web-yours-mine-and-ours-1844262/11-TEILHARD_DE_CHARDIN_Noosphere_Layers. Acesso em: 6 jun. 2024.

Nesse processo contínuo de crescente abstração daquilo que determina a nossa existência e a qualidade de nossas vidas, a tecnologia (especialmente as cognitivas, que favorecem a comunicação e o pensamento) é o grande catalisador: quanto mais poderosa ela foi se tornando, mais profunda e rapidamente a nossa realidade foi se transformando, até culminar no surgimento da era digital.

A IA e o metaverso

A partir da era digital, essa jornada evolutiva de abstração ganha um novo patamar: a introdução das tecnologias digitais em nossas vidas trouxe a possibilidade de nos expandirmos – corpos e mentes – para além do nosso corpo biológico orgânico, ampliando ainda mais a nossa existência e as nossas realidades. Esse processo vem gradativamente nos tornando seres híbridos com o ciberespaço, ou **cíbridos**,[2] impulsionando a **simbiose** entre humanos e tecnologias.

Hoje, a nossa existência e o nosso bem-estar dependem cada vez mais de uma **realidade mista**, que engloba tanto o mundo físico quanto o digital. Grande parte do que fazemos para viver atualmente passa pelo digital, inclusive transações para usufruirmos do mundo analógico tangível material.

---

2. O ser humano é uma tecnoespécie – a nossa evolução se confunde com a da tecnologia. Desde o início da nossa história, formamos um sistema inteligente híbrido humano-tecnológico que se refina, complementa, transforma-se continuamente, buscando que cada parte contribua com suas forças para a otimização de atuação e resultados. Esse sistema tem se tornado, gradativamente, mais sofisticado e poderoso, e essa é a força motriz que tende a nos levar à singularidade. Para se aprofundar nesse tema, recomendamos os TEDx *No brain, no gain* e *As 3 habilidades que podem salvar o seu futuro* (disponíveis em: https://www.martha.com.br/palestras-e-cursos/ministradas/tedx/. Acesso em: 6 abr. 2022), apresentados por Martha Gabriel em 2020 e 2021, além da leitura do livro *Você, eu e os robôs: como se transformar no profissional digital do futuro* (disponível em: https://www.grupogen.com.br/voce-eu-e-os-robos-como-se-transformar-no-profissional-digital-do-futuro-9788597027570 e em: https://www.amazon.com.br/Voc%C3%AA-Eu-Rob%C3%B4s-Transformar-Profissional/dp/8597027576/. Acesso em: 2 abr. 2022), o qual, como mencionado em alguns momentos ao longo dos capítulos, traz conceitos complementares às discussões aqui presentes.

Dessa forma, o **digital vem progressivamente permeando e determinando a experiência humana**, absorvendo atividades que antes pertenciam apenas à dimensão física, como é o caso de jogos, música, filmes, compras (mesmo de bens tangíveis), relacionamentos etc. Com a aceleração tecnológica contínua em que vivemos, esse processo tende a transferir cada vez mais partes de nossas vidas para o ambiente digital, deslocando continuamente o polo de valor para as realidades mistas.

O metaverso

Esse ambiente nebuloso que nos envolve, misturando e abraçando tanto o mundo físico quanto o digital, fluindo entre eles e utilizando recursos de ambos para possibilitar experiências personalizadas e poderosíssimas, é o que denominamos **metaverso**. Apesar de o termo ter se originado na ficção científica há 30 anos, em 1992, na obra *Snow Crash (Nevasca)*, de Neal Stephenson, e de o conceito ter sido explorado intensamente em filmes de ficção como *Matrix* e *Jogador nº 1*, a evolução tecnológica da era digital nas últimas décadas foi gradativamente criando a infraestrutura para o metaverso se desenvolver, e assim ele foi passando da ficção para a realidade e ganhando corpo em nossas vidas.

Pouco a pouco, fomos conquistando as várias **dimensões do metaverso**, e hoje vivemos todas e cada uma delas fundidas à realidade física: **1D** (por exemplo, textos, imagens, *audio only* etc.); **2D** (por exemplo, videoconferências); e **3D** (por exemplo, realidade aumentada, virtual, mista). Se outrora, em 2003, o metaverso 3D existia apenas em ambientes restritos específicos e isolados, como o *Second Life*, agora, em função do desenvolvimento e da disseminação de tecnologias *blockchain*, é possível integrar e fluir dados integrando as várias dimensões do metaverso, possibilitando todo tipo de transações – fungíveis, não fungíveis, tangíveis e intangíveis –, englobando tudo, ampliando possibilidades e passando, assim, a ser o nosso universo.

Como o próprio nome sugere, um significado do prefixo "meta", em grego, é **transcender**, e é exatamente isso que está acontecendo: o **metaverso representa um universo muito além do que existia até recentemente**, adicionando inúmeras camadas de ampliação da experiência humana por meio da integração físico-digital propiciada pela digitalização de tudo. Isso nos oferece, inclusive, a oportunidade de realizar no metaverso o que seria **impossível** no mundo físico.

A título de exemplo, em 2007, o meu avatar no *Second Life* conseguia se teleportar, voar, ampliar a visão com *zoom*, entre inúmeras outras habilidades que ainda hoje não são possíveis (pelo menos por enquanto) no mundo físico (Figura 9.2).

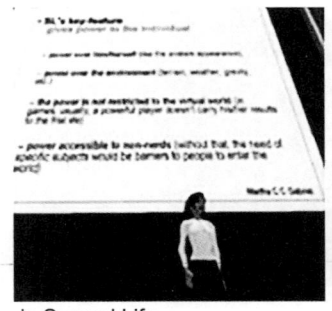

in Second Life...   ...in First Life, Rochester, NY, USA

Figura 9.2 – Imagem mostrando o meu avatar fazendo a apresentação no *Second Life* (de São Paulo, Brasil), a qual estava sendo assistida pelas pessoas na conferência HighEdWeb 2007, em Rochester, NY, EUA. Fonte: elaborada pela autora.

Por sua natureza fluida e integrada, o metaverso permite, de forma orgânica, os fluxos das experiências entre o *ON* e o *OFF* – em outras palavras, transações híbridas –, tornando-se, assim, o ambiente propício para o **colapso das fronteiras entre físico e digital**. Desse modo, o metaverso se configura, cada vez mais, em um universo de realidades mistas, permitindo extrair o máximo potencial que a noosfera (cada vez maior e mais densa) e o cibridismo (cada vez mais profundo) podem oferecer, bem como complementando e expandindo as dimensões físico-materiais tangíveis da vida.

É importante notar que uma das principais diferenças entre as **realidades físicas** e as **realidades mistas** é que, enquanto a primeira é **limitada**, impondo-se da mesma forma a todos, a segunda é **personalizável e ilimitada**, permitindo customizações infinitas com quaisquer combinações de configurações físico-digitais em função das necessidades e preferências de cada indivíduo.

Um *case* que ilustra o potencial de ampliação de possibilidades e integração *ON-OFF* é o evento de lançamento do livro *TRENDS Marketing na Era Digital: o futuro do marketing*,[3] que aconteceu em 2022 no Horizon Workrooms.[4] Os organizadores do livro se reuniram com influenciadores convidados, que tiveram acesso ao evento via NFT[5] e puderam conversar sobre o futuro do *marketing* utilizando seus avatares ou vídeos ao vivo. A Figura 9.3 mostra uma imagem capturada durante a reunião e oferece um *link* via QR Code para um *post* carrossel no Instagram com mais imagens e vídeos explicativos. Nesse ambiente, nossos avatares conseguem utilizar os nossos computadores pessoais do ambiente físico, acessando informações e transmitindo para o ambiente digital e vice-versa.

As melhorias nos dispositivos de imersão (como Oculus Ques, Apple Vision, Teslasuit etc.), somadas às evoluções dos ambientes imersivos 3D, ampliam gradativamente o acesso e o potencial de experiências no metaverso. Quanto mais possibilidades digitais existirem para configurar a realidade, mais personalizável e individualizada ela tende a ser, e **maior a quantidade de realidades simultâneas passam a poder coexistir**. Se, por um lado, isso traz um potencial incomensurável para a vida humana, por outro, ao mesmo tempo amplia a **complexidade do tecido social**, cada vez mais **misto, múltiplo e interligado** – e é exatamente aqui que entra a IA.

---

3. Disponível em: https://www.grupogen.com.br/e-book-trends-mkt-na-era-digital-o-futuro-do-marketing-martha-gabriel-rafael-kiso-e-luciano-kalil-editora-atlas-9786559771875 e em https://amzn.to/3uuNWLF. Acesso em: 9 maio 2022.
4. Horizon Workrooms é uma plataforma colaborativa da Meta, a qual permite que um grupo de pessoas se reúnam em um espaço virtual 3D, usando realidade virtual (óculos) ou web para realizarem reuniões de trabalho.
5. NFT é a sigla para *Non Fungible Tokens*, ou *tokens* não fungíveis, que se caracterizam por permitirem o registro de bens não fungíveis no *blockchain*. Isso possibilita o registro de posse e transações entre todas as dimensões do metaverso, inclusive a física.

Figura 9.3 – *Link* ou QR Code para a imagem mostrando meu avatar fazendo a apresentação no Horizon Workrooms, na Coletiva com Influenciadores, no lançamento do livro *TRENDS Marketing na Era Digital: o futuro do marketing*, em 18 de abril de 2022. Disponível em: https://www.instagram.com/p/CcqZhyILo4R/?igshid=YmMyMTA2M2Y=. Acesso em: 9 jun. 2024.

IA & o Admirável *Smart World*

A IA possibilita não apenas a gestão da complexidade, que permite a existência e a evolução do metaverso, mas também, e principalmente, adiciona e expande a inteligência nesse universo, impulsionando gradativamente a formação de um emergente **super smart world**, onde tudo tende a se tornar seres *super smart* – os seres humanos e o ambiente –, transformando completamente a realidade como a conhecemos hoje. Esse é o universo das *smart cities*, da *smart health*, dos *smart objects*, das *smart homes*, dos *smart cars*, da *smart education*, ou seja, *smart* tudo, com foco em elevar a experiência humana ao seu máximo potencial.[6]

A primeira visão desse tipo de vida para a humanidade é conhecida como sociedade 5.0,[7] projeto criado pelo Japão e apresentado por seu então primeiro-ministro, Shinzo Abe, na CeBIT 2017 em Hanôver,

---

6. Para se aprofundar na discussão sobre o futuro da humanidade, sugerimos a leitura da 3ª parte do livro *Você, eu e os robôs: como se transformar no profissional digital do futuro*.
7. Disponível em: https://www8.cao.go.jp/cstp/english/society5_0/index.html. Acesso em: 6 abr. 2022.

Alemanha. Ele a descreveu como "o futuro da sociedade que alavanca a tecnologia para alcançar avanços econômicos e solucionar os problemas das pessoas".[8]

O termo sociedade 5.0 se refere ao 5º passo na evolução da civilização humana:

1º sociedade de caça e coleta;

2º sociedade agrícola;

3º sociedade industrial de produção de massa;

4º sociedade da informação;

5º sociedade *super smart*.

Esse novo patamar que vai se configurando é a plena realização do metaverso – conforme conseguimos conectar cada vez mais coisas (físicas e digitais), gerando fluxos qualificados de informação, maior tende a se tornar a inteligência no mundo. Os benefícios são infindáveis pois, ao nos liberarmos dos trabalhos repetitivos (que passam a ser executados cada vez mais por máquinas), enquanto ao mesmo tempo ampliamos tecnologicamente as nossas habilidades, poderemos **desenvolver e alcançar o nosso máximo potencial**, expandindo, assim, as infinitas possibilidades para desfrutarmos de uma vida melhor.

---

8. Disponível em: https://japan.kantei.go.jp/97_abe/statement/201703/1221682_11573.html. Acesso em: 6 abr. 2022.

CONSIDERAÇÕES FINAIS

A IA é uma realidade irreversível, por isso espero que o final desta leitura seja o início de reflexões fundamentais para nos inspirar na construção de um futuro melhor na era das máquinas inteligentes. Como isso tudo nos impacta? Como afeta a sua vida? Você vai enfrentar essa onda emergente aprendendo as novas regras do jogo para surfar e avançar, vencendo os desafios e aproveitando as oportunidades que surgem, ou vai sofrer as consequências do seu *tsunami* de mudanças?

A IA é a mais poderosa das tecnologias reestruturantes das nossas vidas, no entanto ela é interdependente de outras que se somam formando um ecossistema tecnológico que modifica todos os paradigmas da existência e atuação humana. Assim, para complementar as discussões que trouxemos aqui sobre IA, escrevi mais dois livros (que são também *best-sellers*), compondo uma trilogia sobre a humanidade & o digital. São eles:

- *Você, eu e os robôs* (Figura c.1): além da IA, o foco aqui é a relação entre humanos e todas as tecnologias, como evoluímos de forma simbiótica com elas, os desafios e as oportunidades que a tecnologia nos traz, além da forma como caminhamos juntos para o futuro.

- *Liderando o futuro* (Figura c.2): o ecossistema tecnológico nos envolve e evolui rapidamente, requerendo novos métodos capazes de possibilitar o desenvolvimento quanto a clareza de visão, estratégia e habilidades que nos permitam liderar o futuro. Esse é o objetivo do livro.

Figura c.1 – Capa do livro *Você, eu e os robôs*, disponível por meio do QR Code ou em https://amzn.to/3mPf8Al.

Figura c.2 – Capa do livro *Liderando o futuro*, disponível por meio do QR Code ou em https://amzn.to/3MD1xdE.

Estamos criando uma abundância sem precedentes no planeta, vislumbrando o futuro sempre sonhado pela humanidade. No entanto, para que esse futuro se realize, precisamos de visão, estratégia e habilidades para construí-lo e pavimentá-lo com segurança, ética, moral e humanidade, a fim de viabilizar que seja um caminho sustentável e de garantir que consigamos chegar lá.

#tamojunto #vamojunto

BIBLIOGRAFIA

2010 FLASH CRASH. *In*: WIKIPEDIA: the free encyclopedia. Disponível em: https://en.wikipedia.org/wiki/2010_Flash_Crash. Acesso em: 4 abr. 2022.

ADDRESS BY PRIME MINISTER Shinzo Abe at CeBIT Welcome Night. *Prime Minister of Japan and His Cabinet*. Hannover, 19 mar. 2017. Disponível em: https://japan.kantei.go.jp/97_abe/statement/201703/1221682_11573.html. Acesso em: 6 abr. 2022.

ADETUNJI, Jo. Understanding the four types of AI, from reactive robots to self-aware beings. *The Conversation*, [s. l.], 4 nov. 2016. Disponível em: https://theconversation.com/understanding-the-four-types-of-ai-from-reactive-robots-to-self-aware-beings-67616. Acesso em: 5 abr. 2022.

ARUTE, Franke; ARYA, Kunal; BABBUSH, Ryan *et al*. Quantum supremacy using a programmable superconducting processor. *Nature*, v. 574, p. 505-510, 2019. Disponível em: https://www.nature.com/articles/s41586-019-1666-5/. Acesso em: 4 abr. 2022.

BAKER, Stephen. *The Numerati*. New York: Houghton Mifflin Harcourt, 2008.

BARONE, Dante Augusto Couto. *Sociedades artificiais*: a nova fronteira da inteligência nas máquinas. Porto Alegre: Bookman, 2003.

BENIOFF, Paul. The computer as a physical system: a microscopic quantum mechanical Hamiltonian model of computers as represented by Turing machines. *Journal of Statistical Physics*, v. 22, p. 563-591, 1980. Disponível em: https://link.springer.com/article/10.1007%2FBF01011339. Acesso em: 4 abr. 2022.

BIG FIVE PERSONALITY TRAITS. *In*: WIKIPEDIA: the free encyclopedia. Disponível em: https://en.wikipedia.org/wiki/Big_Five_personality_traits. Acesso em: 6 abr. 2022.

BIONICS. *In*: WIKIPEDIA: the free encyclopedia. Disponível em: https://en.wikipedia.org/wiki/Bionics. Acesso em: 5 maio 2022.

BLUM, Avrim; MITCHELL, Tom. Combining labeled and unlabed data with co-training. *Proceedings of the 11th Conference on Computational Learning Theory*, New York, p. 92-100, 1998. Disponível em: http://www.cs.cmu.edu/~avrim/Papers/cotrain.pdf. Acesso em: 5 abr. 2022.

BOSTRON, Nick. Ethical Issues in Advanced Artificial Intelligence. *In*: SMIT, I. et al. *Cognitive, Emotive and Ethical Aspects of Decision Making in Humans and in Artificial Intelligence*. Windsor: International Institute for Advanced Studies in Systems Research and Cybernetics, 2003.

BOT. *In*: WIKIPEDIA: the free encyclopedia. Disponível em: https://en.wikipedia.org/wiki/Bot. Acesso em: 5 maio 2022.

BROWNLEE, Jason. A tour of machine learning algorithms. *Machine Learning Mastery*, [s. l.], 14 ago. 2020. Disponível em: https://machinelearningmastery.com/a-tour-of-machine-learning-algorithms/. Acesso em: 5 abr. 2022.

BRYNJOLFSSON, Erik; MCAFEE, Andrew. Will humans go the way of horses? *Foreign Affairs*, [s. l.], jul./ago. 2015. Disponível em: https://www.foreignaffairs.com/articles/2015-06-16/will-humans-go-way-horses. Acesso em: 4 abr. 2022.

CAN A COVID-19 FACE MASK protect you from facial recognition technology too? *Privacy International*, London, 16 ago. 2021. Disponível em: https://privacyinternational.org/news-analysis/4511/can-covid-19-face-mask-protect-you-facial-recognition-technology-too. Acesso em: 6 abr. 2022.

CANALES, Katie. China's "social credit" system ranks citizens and punishes them with throttled internet speeds and flight bans if the Communist Party deems them untrustworthy. *Insider*, [s. l.], 24 dez. 2021. Disponível em: https://www.businessinsider.com/china-social-credit-system-punishments-and-rewards-explained-2018-4. Acesso em: 4 abr. 2022.

CEREBRAL CORTEX. *In*: WIKIPEDIA: the free encyclopedia. Disponível em: https://en.wikipedia.org/wiki/Cerebral_cortex. Acesso em: 5 abr. 2022.

CHANGING your idea of what robots can do. *Boston Dynamics*, [s. l.], 2022. Disponível em: https://www.bostondynamics.com/. Acesso em: 4 abr. 2022.

CHAPTER 5 Artificial Neural Networks. *O'Reilly*, [s. l.], 2022. Disponível em: https://www.safaribooksonline.com/library/view/machine-learning-hands-on/9781118889497/c05.xhtml. Acesso em: 5 abr. 2022.

CHIRIKJIAN, G. S.; SUTHAKORN, J. Toward self-replicating robots. *In*: SICILIANO, B.; DARIO, P. (eds.). *Experimental robotics VIII*. Berlin: Springer-Verlag Berlin Heidelberg, 2003. v. 5 (STAR – Springer Tracts in Advanced Robotics 5). Disponível em: https://link.springer.com/chapter/10.1007/3-540-36268-1_35. Acesso em: 4 abr. 2022.

CHOI, Charles Q. Artificial Intelligence beats CAPTCHA: neural net modeled after human brain's visual system could aid computer perception. *IEEE Spectrum*, [s. l.], 20 out. 2017. Disponível em: https://spectrum.ieee.org/artificial-intelligence-beats-captcha. Acesso em: 4 abr. 2022.

CHRISTENSEN, Clayton. *O dilema da inovação*. São Paulo: M. Books, 2011.

CLYNES, Manfred E.; KLINE, Nathan S. Cyborgs and space. *Astronautics*, v. 14, p. 26-27, 74-76, 1960. Disponível em: http://web.mit.edu/digitalapollo/Documents/Chapter1/cyborgs.pdf. Acesso em: 3 abr. 2022.

CODED BIAS. *In*: WIKIPEDIA: the free encyclopedia. Disponível em: https://en.wikipedia.org/wiki/Coded_Bias. Acesso em: 6 abr. 2022.

COLE, Samantha. AI-assisted fake porn is here and we're all fucked. *Vice*, [s. l.], 11 dez. 2017. Disponível em: https://www.vice.com/en_us/article/gydydm/gal-gadot-fake-ai-porn. Acesso em: 4 abr. 2022.

COMIN, D.; HOBIJN, B. Cross-country technology adoption: making the theories face the facts. *Journal of Monetary Economics*, v. 51, n. 1, p. 29-83, 2004.

CONDLIFFE, Jamie. Facial recognition is getting incredibly powerful – and ever more controversial. *MIT Technology review*, [s. l.], 8 set. 2017. Disponível em: https://www.technologyreview.com/the-download/608832/facial-recognition-is-getting-incredibly-powerful-and-ever-more-controversial/. Acesso em: 4 abr. 2022.

CONFRONTOS ENTRE HUMANOS E COMPUTADORES EM JOGOS. *In*: WIKIPEDIA: the free encyclopedia. Disponível em: https://pt.wikipedia.org/wiki/Confrontos_entre_humanos_e_computadores_em_jogos. Acesso em: 3 abr. 2022.

CONNECTED (2020 TV SERIES). *In*: WIKIPEDIA: the free encyclopedia. Disponível em: https://en.wikipedia.org/wiki/Connected_(2020_TV_series). Acesso em: 6 abr. 2022.

COPESTAK, Jen. How Pope Francis could shape the future of robotics. *BBC News*, [s. l.], 24 mar. 2019. Disponível em: https://www.bbc.com/news/technology-47668476. Acesso em: 4 abr. 2022.

CYBORG. *In*: WIKIPEDIA: the free encyclopedia. Disponível em: https://en.wikipedia.org/wiki/Cyborg. Acesso em: 5 maio 2022.

DAMIANI, Jesse. A voice deepfake was used to scam a CEO out of $243,000. *Forbes*, [s. l.], 3 set. 2019. Disponível em: https://www.forbes.com/sites/jessedamiani/2019/09/03/a-voice-deepfake-was-used-to-scam-a-ceo-out-of-243000/?sh=6559e0922241. Acesso em: 6 abr. 2022.

DAVENPORT, William H.; ROSENTHAL, Daniel I. *Engineering*: its role and function in human society. London: Elsevier Science, 2016.

DOMINGOS, Pedro. *The Master Algorithm*: how the quest for the ultimate learning machine will remake our world. New York: Basic Books, 2015.

ENG, Karen Frances. Introducing the RoboRoach: Greg Gage at TEDGlobal 2013. *TedBlog*, [s. l.], 12 jun. 2013. Disponível em: https://blog.ted.com/introducing-the-roboroach-greg-gage-at-tedglobal-2013/. Acesso em: 5 maio 2022.

FARBER, Dan. *2010: data doubling every 11 hours*. ZDNet, [s. l.], 2007. Disponível em: https://www.zdnet.com/article/2010-data-doubling-every-11-hours/. Acesso em: 3 abr. 2022.

FARINACCIO, Rafael. Reconhecimento de voz da Microsoft tem menor margem de erro já alcançada. *Tecmundo*, [s. l.], 22 ago. 2017. Disponível em: https://www.tecmundo.com.br/software/121122-reconhecimento-voz-microsoft-tem-menor-margem-erro-sempre.htm. Acesso em: 5 maio 2022.

FULL text of "Theory of self-reproducing automata". *Internet Archive*, [s. l.: s. d.]. Disponível em: https://archive.org/stream/theoryofselfrepr00vonn_0/theoryofselfrepr00vonn_0_djvu.txt. Acesso em: 3 abr. 2022.

FULLER, Buckminster. *Critical path*. New York: St. Martin's Griffin, 1982.

FURAOA, Shen; OGURA, Tomotaka; HASEGAWA, Osamu. An enhanced self-organizing incremental neural network for online unsupervised learning. *Neural Networks*, v. 20, p. 893-903, 2007. Disponível em: http://web.cecs.pdx.edu/~mperkows/CLASS_VHDL_99/S2016/01.MEMRISTIVE_ARCHITECTURE/002.%20Hasegawa%20=%20ESOINN.pdf. Acesso em: 4 abr. 2022.

GABBATT, Adam. IBM computer Watson wins Jeopardy clash. *The Guardian*, [s. l.], 17 fev. 2011. Disponível em: https://www.theguardian.com/technology/2011/feb/17/ibm-computer-watson-wins-jeopardy. Acesso em: 4 abr. 2022.

GABRIEL, Martha. *Liderando o Futuro*: visão, estratégia e habilidades. São Paulo: DVS, 2023.

GABRIEL, Martha. Martha Gabriel é palestrante de 8 TEDx. Disponível em: https://www.martha.com.br/palestras-e-cursos/ministradas/tedx/. Acesso em: 6 abr. 2022.

GABRIEL, Martha. *Você, eu e os robôs*: como se transformar no profissional digital do futuro. 2. ed. São Paulo: Atlas, 2021.

GABRIEL, Martha. *Você, eu e os robôs*: pequeno manual do mundo digital. São Paulo: Atlas, 2017.

GALEON, Dom. Saudi Arabia made a robot a citizen. Now, She's calling for women's rights. *Futurism*, [s. l.: s. d.]. Disponível em: https://futurism.com/saudi-arabia-made-robot-citizen-calling-womens-rights. Acesso em: 4 abr. 2022.

GARTNER HYPE CYCLE. *Gartner*, [s. l.], 2022. Disponível em: http://www.gartner.com/technology/research/methodologies/hype-cycle.jsp. Acesso em: 5 abr. 2022.

GENERAL DATA PROTECTION REGULATION GDPR. *Intersoft consulting*, [s. l.: s. d.], [2022?]. Disponível em: https://gdpr-info.eu/. Acesso em: 6 abr. 2022.

GO (GAME). *In*: WIKIPEDIA: the free encyclopedia. Disponível em: https://en.wikipedia.org/wiki/Go_(game). Acesso em: 4 abr. 2022.

GOASDUFF, Laurence. 2 megatrends dominate the Gartner hype cycle for Artificial Intelligence, 2020. *Gartner*, [s. l.], 28 set. 2020. Disponível em: https://www.gartner.com/smarterwithgartner/2-megatrends-dominate-the-gartner-hype-cycle-for-artificial-intelligence-2020/. Acesso em: 5 abr. 2022.

GOOD, Irving John. Speculations concerning the first ultraintelligent machine. *Advances in Computers*, v. 6, p. 31-88, 1965. Disponível em: https://www.researchgate.net/publication/220662734_Good_IJ_Speculations_Concerning_the_First_Ultraintelligent_Machine_Advances_in_Computers_6_31-88. Acesso em: 3 abr. 2022.

GUIZO, Erico. Hiroshi Ishiguro: the man who made a copy of himself. *IEEE Spectrum*, [s. l.], 22 abr. 2010. Disponível em: https://spectrum.ieee.org/robotics/humanoids/hiroshi-ishiguro-the-man-who-made-a-copy-of-himself. Acesso em: 4 abr. 2022.

HALACY, D. S. *Cyborg*: evolution of the Superman. New York: Harper and Row Publishers, 1965.

HAMILTON, Ana. Resistance is futile: PETA attempts to halt the sale of remote-controlled cyborg cockroaches. *Time*, [s. l.], 1º nov. 2013. Disponível em: https://newsfeed.time.com/2013/11/01/cyborg-cockroaches-are-coming-but-not-if-peta-has-anything-to-say-about-it/. Acesso em: 5 maio 2022.

HANDWERK, Brian. How dexterous thumbs may have helped shape evolution two million years ago. *Science*, [s. l.], 28 jan. 2021. Disponível em: https://www.smithsonianmag.com/science-nature/how-dexterous-thumbs-may-have-helped-shape-evolution-two-million-years-ago-180976870. Acesso em: 5 maio 2022.

HIORT, Astrid. The most-followed virtual influencers of 2022. *Virtual Humans*, [s. l.], 19 abr. 2022. Disponível em: https://www.virtualhumans.org/article/the-most-followed-virtual-influencers-of-2022. Acesso em: 5 maio 2022.

HOFFMANN, Achim. *Paradigms of Artificial Intelligence*: a methodological and computational analysis. Heidelberg: Springer Verlag Pod, 1998.

HOW VOICE TECHNOLOGY is transforming computing. *The Economist*, [s. l.], 7 jan. 2017. Disponível em: https://www.economist.com/news/leaders/21713836-casting-magic-spell-it-lets-people-control-world-through-words-alone-how-voice. Acesso em: 5 abr. 2022.

HUANG, Jensen. Accelerating AI with GPUs: a new computing model. *Nvidia*, [s. l.], 12 jan. 2016. Disponível em: https://blogs.nvidia.com/blog/2016/01/12/accelerating-ai-artificial-intelligence-gpus/. Acesso em: 6 abr. 2022.

IBM's WATSON SUPERCOMPUTER destroys humans in jeopardy. [*S. l.*: s. d.]. 1 vídeo (3 min 52 s). Publicado por Engadget. Disponível em: https://youtu.be/WFR3lOm_xhE. Acesso em: 5 maio 2022.

INDUSTRIAL ROBOT. *In*: WIKIPEDIA: the free encyclopedia. Disponível em: https://en.wikipedia.org/wiki/Industrial_robot. Acesso em: 5 maio 2022.

JAPANESE researcher unveils "thinking" robot. *Daily News*, Tokyo, 31 out. 2011. Disponível em: http://www.hurriyetdailynews.com/japanese-researcher-unveils-thinking-robot-6400. Acesso em: 4 abr. 2022.

JOHNSON HESS, Abigail. Meet the robot that passed a college class on philosophy and love. *Make it*, [s. l.], 21 dez. 2007. Disponível em: https://www.cnbc.com/2017/12/21/meet-the-robot-that-passed-a-college-class-on-philosophy-and-love.html. Acesso em: 4 abr. 2022.

JONES, Brad. Google's new AI can mimic human. *Futurism*, [s. l.], 10 maio. 2017. Disponível em: https://futurism.com/googles-new-ai-can-mimic-human-speech-almost-perfectly/. Acesso em: 5 maio 2022.

KAHN, Jeremy. Programa de grupo de pesquisa de Elon Musk cria boatos mais facilmente. *tilt*, [s. l.], 16 fev. 2019. Disponível em: https://www.uol.com.br/tilt/noticias/bloomberg/2019/02/16/programa-de-grupo-de-pesquisa-de-elon-musk-cria-boatos-mais-facilmente.htm?cmpid=copiaecola. Acesso em: 4 abr. 2022.

KIRSCH, Noah. Experts are ringing alarms About Elon Musk's brain implants. *Daily Beast*, [s. l.], 25 jan. 2022. Disponível em: https://www.thedailybeast.com/elon-musks-neuralink-inches-closer-to-human-trials-and-experts-are-ringing-alarms. Acesso em: 6 abr. 2022.

KOTLER, Steven. Vision quest. *Wired*, [s. l.], 1º set. 2002. Disponível em: https://www.wired.com/2002/09/vision/. Acesso em: 5 maio 2022.

LAPOWSKY, Issie. The real trouble with Trump's "dark post" Facebook ads. *Wired*, [s. l.]. 28 set. 2017. Disponível em: https://www.wired.com/story/trump-dark-post-facebook-ads/. Acesso em: 6 abr. 2022.

LEITE, Thiago M. Redes neurais, perceptron multicamadas e o algoritmo backpropagation. *Ensina.AI*, 2018.

LGPD: sua empresa está preparada? *LGPD Brasil.com.br*, [s. l.: s. d.], [2022?]. Disponível em: https://www.lgpdbrasil.com.br/. Acesso em: 6 abr. 2022.

LIST OF ANIMALS BY NUMBER OF NEURONS. *In*: WIKIPEDIA: the free encyclopedia. Disponível em: https://en.wikipedia.org/wiki/List_of_animals_by_number_of_neurons. Acesso em: 5 abr. 2022.

MEHRING, C.; AKSELROD, M.; BASHFORD, L. *et al.* Augmented manipulation ability in humans with six-fingered hands. *Nature Communications*, v. 10, v. 1, p. 2401, 2019. Disponível em: https://www.nature.com/articles/s41467-019-10306-w. Acesso em: 5 maio 2022.

MCCARTHY, John; MINSKY, Marvin; ROCHESTER, Nathaniel; SHANNON, Claude. A proposal for the Dartmouth Summer Research Project on Artificial Intelligence. *AI Magazine*, v. 27, n. 4, p. 12, 1955.

MCCULLOCH, Warren; PITTS, Walter. A logical calculus of ideas immanent in nervous activity. *Bulletin of Mathematical Biophysics*, v. 5, n. 4, p. 115-133, 1943.

MERMIN, David. Lecture notes on quantum computation. *Physics*, 481-681, CS 483, 2006. Disponível em: https://web.archive.org/web/20121115112940/http://people.ccmr.cornell.edu/~mermin/qcomp/chap3.pdf. Acesso em: 4 abr. 2022.

META. Meta for Developers. [s. l.], 2022. Disponível em: https://developers.facebook.com/docs/messenger-platform. Acesso em: 5 maio 2022.

MICROEXPRESSION. *In*: WIKIPEDIA: the free encyclopedia. Disponível em: https://en.wikipedia.org/wiki/Microexpression. Acesso em: 6 abr. 2022.

MILITARY ROBOT. *In*: WIKIPEDIA: the free encyclopedia. Disponível em: https://en.wikipedia.org/wiki/Military_robot. Acesso em: 5 maio 2022.

MINSKY, Marvin. Logical Versus Analogical or Symbolic Versus Connectionist or Neat Versus Scruffy. *In*: WINSTON, Patrick H. (ed.). *Artificial Intelligence at MIT: expanding frontiers*. MIT Press, 1990. v. 1. Disponível em: https://web.media.mit.edu/~minsky/papers/SymbolicVs.Connectionist.html. Acesso em: 3 abr. 2022.

MITAROS, Elle. No more lonely nights: romantic robots get the look of love. *The Sydney Morning Herald*, [s. l.], 28 mar. 2013. Disponível em: https://www.smh.com.au/technology/no-more-lonely-nights-romantic-robots-get-the-look-of-love-20130327-2guj3.html. Acesso em: 4 abr. 2022.

NEUROMORPHIC ENGINEERING. *In*: WIKIPEDIA: the free encyclopedia. Disponível em: https://en.wikipedia.org/wiki/Neuromorphic_engineering. Acesso em: 6 abr. 2022.

NILSSON, Nils J. Human-Level Artificial Intelligence? Be Serious! *American Association for Artificial Intelligence*, 2005. Disponível em: http://ai.stanford.edu/~nilsson/OnlinePubs-Nils/General%20Essays/AIMag26-04-HLAI.pdf. Acesso em: 5 abr. 2022.

NOOSPHERE. *In*: WIKIPEDIA: the free encyclopedia. Disponível em: https://en.wikipedia.org/wiki/Noosphere. Acesso em: 6 abr. 2022.

NVIDIA'S INVENTION OF THE GPU. *Nvidia*, [s. l.: s. d.], 2022. Disponível em: http://www.nvidia.com/object/what-is-gpu-computing.html. Acesso em: 6 abr. 2022.

OPENAI. *In*: WIKIPEDIA: the free encyclopedia. Disponível em: https://en.wikipedia.org/wiki/OpenAI. Acesso em: 4 abr. 2022.

ORTIZ, Victor Philip. This deepfake Wonder Woman video replaces Gal Gadot with Lynda Carter. *T3*, [s. l.], 14 jan. 2021. Disponível em: https://t3me.com/en/news/weird-and-random-news/this-deepfake-wonder-woman-video-replaces-gal-gadot-with-lynda-carter/. Acesso em: 6 abr. 2022.

OUTLINE OF MACHINE LEARNING. *In*: WIKIPEDIA: the free encyclopedia. Disponível em: https://en.wikipedia.org/wiki/Outline_of_machine_learning. Acesso em: 3 abr. 2022.

PALMER, Annie. Meet the roboprofessor: creepy life-like AI Bina48 teaches a philosophy course at West Point military academy. *Daily Mail*, [s. l.], 18 out. 2018. Disponível em: https://www.dailymail.co.uk/sciencetech/article-6291261/Meet-roboprofessor-Bina48-teaches-philosophy-course-West-Point-military-academy.html. Acesso em: 4 abr. 2022.

PANETTA, Kasey. *5 trends appear on the Gartner hype cycle for emerging technologies, 2019*. Gartner, [s. l.], 29 ago. 2019. Disponível em: https://www.gartner.com/smarterwithgartner/5-trends-appear-on-the-gartner-hype-cycle-for-emerging-technologies-2019/. Acesso em: 5 abr. 2022.

PASCANU, Razvan; WEBER, Theophane; BATTAGLIA, Peter *et al*. Agents that imagine and plan. *DeepMind*, [s. l.], 20 jul. 2017. Disponível em: https://www.deepmind.com/blog/agents-that-imagine-and-plan. Acesso em: 4 abr. 2022.

PATEL, Amit. AI techniques. *Amit's Thoughts on Pathfinding*, [s. l.: s. d.]. Disponível em: http://theory.stanford.edu/~amitp/GameProgramming/AITechniques.html. Acesso em: 5 abr. 2022.

PEPPER THE ROBOT answers MPs' questions - video. *The Guardian*, [s. l.] 16 out. 2018. Disponível em: https://www.theguardian.com/technology/video/2018/oct/16/pepper-the-robot-answers-mps-questions-videos. Acesso em: 4 abr. 2022.

PORTER, Jon. Google confirms "quantum supremacy" breakthrough. *The Verge*, [s. l.], 23 out. 2019. Disponível em: https://www.theverge.com/2019/10/23/20928294/google-quantum-supremacy-sycamore-computer-qubit-milestone. Acesso em: 4 abr. 2022.

PRESS, Gill. A very short history of artificial intelligence (AI). *Forbes*, [s. l.], 30 dez. 2016. Disponível em: https://www.forbes.com/sites/gilpress/2016/12/30/a-very-short-history-of-artificial-intelligence-ai/. Acesso em: 5 maio 2022.

QUANTUM Supremacy Explained. [S. l.: s. d.]. 1 vídeo (8 min 29 s). Publicado por DoS – Domain of Science. Disponível em: https://www.youtube.com/watch?v=9OU_SmKyfGI. Acesso em: 4 abr. 2022

R.U.R. *In*: WIKIPEDIA: the free encyclopedia. Disponível em: https://en.wikipedia.org/wiki/R.U.R. Acesso em: 5 maio 2022.

RESEARCH. *Hasewag Lab*. [S. l.: s. d.]. Disponível em: http://www.haselab.info/research-e.html. Acesso em: 4 abr. 2022.

ROBOT development history. *Honda Motor Co., Ltd.* [S. l.: s. d.]. Disponível em: https://global.honda/innovation/robotics/robot-development-history.html. Acesso em: 4 abr. 2022.

SAMUEL, Arthur. Some studies in machine learning using the game of checkers. *IBM Journal of Research and Development*, v. 3, n. 3, p. 210-229, 1959.

SCARUFFI, Piero. A brief history of electrical technology part 3: the computer. *A Brief History of Electrical Technology*, 2016.

SHAH, Pararth. How do you explain machine learning and data mining to a layman? *Big Data Made Simple*, [s. l.], 8 maio 2015. Disponível em: http://bigdata-madesimple.com/how-do-you-explain-machine-learning-and-data-mining-to-a-layman/. Acesso em: 5 abr. 2022.

SHANAHAN, Murray. *The technological singularity*. Cambridge, MA; London: MIT Press, 2015.

SILVER, David; HASSABIS, Demis. AlphaGo: mastering the ancient game of Go with nachine learning. *Google AI Blog*, [s. l.], 27 jan. 2016. Disponível em: https://ai.googleblog.com/2016/01/alphago-mastering-ancient-game-of-go.html. Acesso em: 4 abr. 2022.

SILVER, David. AlphaGo Zero: starting from scratch. *DeepMind*, [s. l.], 18 out. 2017. Disponível em: https://www.deepmind.com/blog/alphago-zero-starting-from-scratch. Acesso em: 4 abr. 2022.

SILVER, David; SCHRITTWIESER, Julian; SIMONYAN, Karen *et al*. Mastering the game of Go without human knowledge. *Nature*, v. 550, 2017. Disponível em: http://go.nature.com/2gPe6n9. Acesso em: 4 abr. 2022.

SLAUGHTERBOTS ARE HERE. *Lethal AWS*. [S. l.: s. d.]. Disponível em: https://autonomousweapons.org/. Acesso em: 4 abr. 2022.

SMITH IV, Jack. Study: people are more likely to open up to a talking computer than a human therapist. *Observer*, [s. l.], 18 ago. 2014. Disponível em: http://observer.com/2014/08/study-people-are-more-likely-to-open-up-to-a-talking-computer-than-a-human-therapist/. Acesso em: 5 abr. 2022.

SMITH, Megan. The White House names Dr. DJ Patil as the first U.S. Chief Data Scientist. *The White House*, Washington, DC, 18 fev. 2015. Disponível em: https://obamawhitehouse.archives.gov/blog/2015/02/18/white-house-names-dr-dj-patil-first-us-chief-data-scientist. Acesso em: 5 abr. 2022.

SOCIETY 5.0. *Cabinet Office*. Tokyo, [s. l.], [2022?]. Disponível em: https://www8.cao.go.jp/cstp/english/society5_0/index.html. Acesso em: 6 abr. 2022.

STARKEY Hearing Technologies Livio AI Preview. [*s. l.*: s. d.]. 1 vídeo (51 s). Publicado por The Hearing Review. Disponível em: https://youtu.be/wNV35XcUSCk. Acesso em: 4 abr. 2022.

TECHNOLOGICAL SINGULARITY. *In*: WIKIPEDIA: the free encyclopedia. Disponível em: https://en.wikipedia.org/wiki/Technological_singularity. Acesso em: 5 abr. 2022.

THE GREAT HACK. *In*: WIKIPEDIA: the free encyclopedia. Disponível em: https://en.wikipedia.org/wiki/The_Great_Hack. Acesso em: 6 abr. 2022.

THE ROBOROACH BUNDLE. *BackyardBrains*, [s. l.], 2009-2017. Disponível em: https://backyardbrains.com/products/roboroach. Acesso em: 5 maio 2022.

THE SOCIAL DILEMMA. *In*: WIKIPEDIA: the free encyclopedia. Disponível em: https://en.wikipedia.org/wiki/The_Social_Dilemma. Acesso em: 6 abr. 2022.

THREE PEOPLE and their android clones! [*s. l.*: s. d.]. 1 vídeo (1 min 49 s). Publicado por Plastic Pals. Disponível em: https://www.youtube.com/watch?v=dPScYhrwrgw. Acesso em: 5 maio 2022.

TREANOR, Jill. The 2010 "flash crash": how it unfolded. *The Guardian*, [s. l.], 22 abr. 2015. https://www.theguardian.com/business/2015/apr/22/2010-flash-crash-new-york-stock-exchange-unfolded. Acesso em: 4 abr. 2022.

TURING, Alan Mathison. Intelligent machinery: a heretical theory. *Philososophia Mathematica*, v. 4, n. 3, p. 256-260, 1996. Disponível em: https://fermatslibrary.com/s/intelligent-machinery-a-heretical-theory. Acesso em: 3 abr. 2022.

UPBIN, Bruce. Science! Democracy! RoboRoaches! *Forbes*, [s. l.], 12 jun. 2013. Disponível em: https://www.forbes.com/sites/bruceupbin/2013/06/12/science-democracy-roboroaches/?sh=f4cc4fc70275. Acesso em: 5 maio 2022.

USING AI DEEPFAKE techniques to bring Salvador Dali back to life. [*s. l.*: s. d.]. 1 vídeo (55 s). Publicado por *Welcome.AI*. Disponível em: https://youtu.be/BxIPCLRfk8U. Acesso em: 6 abr. 2022.

VESELOV, Vladimir. Computer AI passes Turing test in "world first". *BBC News*, [s. l.], 9 jun. 2014. Disponível em: https://www.bbc.com/news/technology-27762088. Acesso em: 3 abr. 2022.

VON NEUMANN, John. The general and logical theory of automata. *In*: JEFFRESS, Lloyd. A. (org.). *Cerebral mechanisms in behavior: the Hixon Symposium*. New York: Hafner, 1951. Disponível em: https://psycnet.apa.org/record/1952-04498-005. Acesso em: 3 abr. 2022.

VON NEUMANN, John. *Theory of Self-Reproducing Automata*. University of Illinois Press: Urbana and London, 1966.

WALKER, J. DeepMind creates "imaginative" AI that can create and plan. *DXJournal*, [s. l.], 25 set. 2017. Disponível em: https://dxjournal.co/2017/09/deepmind-creates-imaginative-ai-that-can-create-and-plan/. Acesso em: 4 abr. 2022.

WALKER, Tom. Eliza. *Chatbot.org*, [s. l.]. Disponível em: https://www.chatbots.org/chatbot/eliza/. Acesso em: 5 maio 2022.

WATSON (COMPUTER). *In*: WIKIPEDIA: the free encyclopedia. Disponível em: https://en.wikipedia.org/wiki/Watson_(computer). Acesso em: 5 maio 2022.

WAKEFIELD, Jane. TEDGlobal welcomes robot cockroaches. *BBC News*, [s. l.], 10 jun. 2013. Disponível em: https://www.bbc.com/news/technology-22786371. Acesso em: 5 maio 2022.

WE BRING robots to life. *Hanson Robotics*, [s. l.], 2022. Disponível em: https://www.hansonrobotics.com/. Acesso em: 4 abr. 2022.

WELLER, Chris; GOULD, Skye. This is when robots will start beating humans at every task. *World Economic Forum*, [s. l.], 21 jun. 2017. Disponível em: https://www.weforum.org/agenda/2017/06/this-is-when-robots-will-start-beating-humans-at-every-task-ae5ecd71-5e8e-44ba-87cd-a962c2aa99c2. Acesso em: 5 abr. 2022.

ÍNDICE ALFABÉTICO

A

Abordagem simbólica, 15

Aceitação social, 127

Aceleração, 11, 31

Actroid, 27

Alexa, 34, 109

Algoritmo de retropropagação de erros, 24

Alphago, 39, 40

Alphazero, 40

Alta especialização, 126

Alto nível de interação humana, 126

Amazon, 34, 109

Ampliação
    de riscos digitais, 103
    do trabalho, 125

Amplificação tecnológica de riscos, 103

Androids, 92, 93

Antiguidade, 18

Apple, 34, 109

Aprendizado de redes, 25

Aprendizagem, 16
    de máquinas, 15
    não supervisionada (*free learning*), 74
    por reforço, 72, 75
    semissupervisionada, 75
    supervisionada, 73

Armas autônomas, 34, 99

Ars generalis ultima (Arte geral decisiva), 19

Assistentes
    pessoais inteligentes, 34
    virtuais, 67

Atlas, 29

Augmented intelligence, 67

Autoconsciência, 60

Autoestima, 123

Automação
    de ambientes, 34
    industrial, 19
    robotizada de processos, 90

Autômato, 19

    autorreplicante, 21

AutoML, 67, 73

Autonomia, 56, 59

Axônio, 78

B

Baidu, 40

Baixa interação humana, 126

Bem-estar psicológico, 123

Benefícios secundários da automação, 127

Benioff, Paul, 25

Berliner, Hans, 25

Big Data, 11, 12, 80

BigDog, 29

Bina48, 31

Biônica, 85

Biotecnologias, 20

Blockchain, 11, 13

Boston Dynamics, 29

Botnets, 90

Bots, 88, 89

    zumbis, 89

Breazeal, Cynthia, 27

Brin, Sergey, 27

C

Caça e Coleta, 9

Camadas conceituais de realidade, 129

Capacidade

    de aprendizagem, 55

    de automodificação, 55

    de processamento, 54

Caresses, 40

Carro autônomo, 26

Cérebro artificial, 12

Chatbots, 67, 89

ChatGPT, 48

Checkers, 22

China, 37, 41

Chirikjian, Gregory, 27

Cibercultura, 20

Cibernética, 20, 21, 85

Ciborgue, 23

Ciência

    da Computação, 68

    de Dados, 68

Cinco pilares de personalidade, 104

Cloud robotics, 32

Código

    de conduta, 101

    de programação computacional, 43

Composite AI, 67

Computação

    afetiva, 27

    quântica, 11, 25

Computadores neuromórficos, 83

Comunicação sem limites, 121

Conexionismo, 15

Conhecimento profundo, 126

Consciência, 25, 129

Considerações regulatórias, 127

Corpo de neurônio, 78

Curva de Duplicação do Conhecimento, 25

Custos para automatizar, 127

Cyborgs, 94, 96

D

Dados, 54, 69, 125

    estruturados, 125

Dalí, Salvador, 37

Data mining, 80

Deep learning, 67, 81, 84

Deepfake, 37, 107, 109

DeepMind, 37

Democratização da IA, 48

Dendrito, 78

Desenvolvimento

    da inteligência artificial, 15

    de habilidades e competências, 123

    humano, 7

Dickmanns, Ernst, 26

Dimensões do metaverso, 131

Disrupção, 7, 11

Downloaders, 88

E

Economia, 121

Edge AI, 67

Edmonds, Dean, 22

Efetividade, 54

Electronic rats, 22

Eletricidade, 117

ENIAC (Electronic Numerical Integrator and Computer), 20

Era

    agrícola, 9

    cognitiva, 10

    da informação, 10

    industrial, 9

Escassez relativa, 127

Estatística, 80

Estruturação do tempo e da rotina, 123

Ética, 99, 101

Eureka Prometheus Project, 26

Evolução, 7, 10, 118

    Humana + IA, 118

Experiência, 129

F

Fake porn, 37

Ferramentas

    intuitivas, 8

    passivas, 8

Fisiologia humana, 15

Flash Crash de 2010, 32

Fronteiras entre físico e digital, 132

Fuller, Buckminster, 25

Futuro do trabalho híbrido, 123

G

Ganhos de produtividade, 49

GDPR (Regulamento Geral sobre a Proteção de Dados), 37, 102

Geminoid F, 32, 33

General Motors, 23

Generative AI, 67

Genética, 73

Good, Irvin John, 23

Google, 27, 34, 35, 39, 109
    Assistant, 35, 109
    DeepMind, 39
    Home, 34

Gordon Moore, 24

GPT-3, 47

H

Habilidades
    criativas, 126
    e custos de trabalhadores humanos, 127

Hanson Robotics, 31, 35

Harbisson, Neil, 96

Hasegawa, Osamu, 29, 34

Hecht-Nielsen, Robert, 77

Híbridos, 55

Honda, 27

I

IA 2.0, 48

IBM, 27

Idade Média, 18

Identidade, 123

Impressão 3D, 11, 13

Informação, 10

Inovação, 10, 11
    disruptiva, 11

Insight engines, 67

Inteligência, 55
    artificial (IA), 1, 2, 53, 56, 118
        & o Admirável *Smart World*, 133
        e o metaverso, 130
        especializado em apenas uma área, 58
        ética, moral e legal, 101
        explicável, 100
        forte, 60
        fraca, 58
        generativa, 111
        geral (AGI), 60
        limitada (ANI), 58
        nível humano, 60
        robusta e eficiente, 100
    híbrida, 49
    humana, 57, 65
    real, 85

Intelligent applications, 67

Interação, 76

Interfaces
    cérebro-computador, 110
    computacionais inteligentes, 42
    de voz, 109

Internet
    bot, 88
    das Coisas, 11, 34, 68

Inverno da IA, 24

Ishiguro, Hiroshi, 27, 32

J

Jacquard, Joseph-Marie, 19

Jeopardy, 34

Jogo Robosumo, 76

K

Kato, Ichiro, 24

Kismet, 27

Kuffner, James, 32

L

Lei, 101

    de Moore, 24

LGPD (Lei Geral de Proteção de Dados Pessoais), 37, 102

Lifelong learning, 8

Linguagem, 122

Linha conexionista, 15, 16

Livio AI, 40

Livre-arbítrio, 25

Llull, Ramon, 18

M

Machine learning, 34, 67, 69, 70

    não supervisionada, 34

Macy Cybernetics Conference, 20

Manipulação de pensamento, 122

Máquina(s)

    autoconscientes, 60

    cientes, 60

    de Turing, 20

    reativas, 59

    ultrainteligentes, 23

McCarthy, John, 22

McCulloch, Warren, 20, 77

Mead, Carver, 25

Memória limitada, 59

Mente de inteligência artificial, 65

Metaverso, 130, 131

Middlesex University, 40

Mídias sociais, 103

Mineração de dados, 80

Minsky, Marvin, 22, 25

Modelos

    discriminativos, 76

    generativos, 76

Moral, 99, 101

Motor de combustão interna, 118

Multilayer perceptron, 78

Musk, Elon, 36

N

Nanotecnologia, 11, 13

Nao, robô autônomo programável, 29

NASA, 27

Neuralink, 36

Neurocomputadores, 77

Neurônios artificiais, 77

Nível(is)

    de habilidade baixo ou médio, 126

    evolutivos de IA, 58

Noosfera, 129

O

O que significa ser humano, 7

Otimização de recursos, 49

P

Page, Larry, 27

Pandemia de covid-19, 47

Pathfinder, Mars, 27

Pato de Vaucanson, 19

Pensamento lógico, 15

Pepper, 40

Pitts, Walter, 20, 77

Potencial de automação, 124

Primeiros experimentos de IA, 22

Privacidade, 122

Processador neuromórfico, 25

Processamento de linguagem natural, 57

Processo de replicação do pensamento, 15

Programa BKG 9.8, 25

Programação

    computacional, 43

    de máquinas, 15

R

Realidade(s), 11

    físicas, 129, 132

    mistas, 132

Reconhecimento

    de fala, 67

    facial, 107

Rede(s)

    convolucionais, 25

    Neural(is), 20, 22, 35, 72, 78

        Artificiais (RNA), 20, 22, 35, 77, 78

        SOINN, 29

Regra Shit IN, Shit OUT, 102

Resolução de problemas, 126

Responsible AI, 67

Revolução(ões)

    cognitiva, 48, 49

    tecnológicas, 7, 11

Robô(s), 87

    antropomórfico caminhante, 24

    autônomo autorreplicante, 27

    baseado em SOINN, 34

    humanoide

        ASIMO, 27

        Sophia, 35

Robot, 19

Robótica, 11, 12, 19, 57, 68, 85, 87

Rochester, Nathaniel, 22

ROS (Robot Operating System), 29

Rothblatt, Martine, 31

RPA (Robotic Process Automation), 67, 90

S

Sal, 117

Samuel, Arthur, 22, 69

Saúde mental e a emocional, 123

Segurança, 99

Senso de realização e autonomia, 123

Sentido

de contribuição e significado, 124

de pertencimento e comunidade, 123

do *self*, 25

Shannon, Claude, 22

Shor, Peter, 25

Simbiose, 130

Simbolismo, 15

Singularidade, 22, 23, 62, 63

    tecnológica, 62, 63

Siri, 34, 109

Sistema(s), 55

    Anonymizer, 107

    artificial, 55

    de IA Watson, da IBM, 33

    Deep Blue, 27

    digitais, 103

    orgânico, 55

Site scrapers, 89

Small data, 67

SNARC (Stochastic Neural Analog Reinforcement Calculator), 22

Social score, 41

Soft skills, 124

Spambots, 88

SpotMini, 29

Substituição, 125

Super smart world, 133

Superinteligência (ASI), 61, 99

Supremacia quântica, 44

Suthakorn, Jackrit, 27

T

Tarefas padronizadas, repetitivas e previsíveis, 125

Tecnologia, 10, 11

Teoria

    da célula-avó, 77

    da mente, 60

    da representação distribuída, 77

    das múltiplas inteligências de Gardner, 55

Terasem, 31

Teste(s)

    de CAPTCHA, 37

    de Turing, 21

Things as customers, 67

Tomada de decisão complexa, 126

Transações híbridas, 132

Treinamento, 16

Turing, Alan, 20, 21

U

Ultrainteligência, 61

Unimate, 23

V

Vaucanson, Jacques de, 19

Viabilidade técnica de automação, 124, 127

Vieses

    de algoritmos, 102

    de dados, 101

    humanos, 103

Villa, Luigi, 25

Visão computacional, 57, 67

Von Neumann, John, 21, 22

W

Wabot, 24

Web crawlers, 88

Werbos, Paul, 24

Wiener, Norbert, 20, 21

X

Xadrez, 40

Xenobots, 47

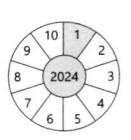